ENERGY OF LOVE FOR HOUSEWORK

愛のエネルギー家事

加茂谷真紀

Maki Kamoya

すみれ書房

その地とその場を整える神様との約束
人生を楽しむために家事がある
家事は神事《かみごと》
毎日が神様との約束
水をつかって暮らします
火をつかって暮らします
あなたの大切な方を守ります
私を大切に愛します
さみしく無視されている子どもや物がいないか
心配りをします
家があることにありがとう
雨風から守ってくれてありがとう
森羅万象にありがとう

はじめに ――家の中を明るく、住む人を笑顔にできる家事

日々の暮らしを支える家事という仕事。

ともすれば、明日もあさっても、永遠に続く義務のように
感じてしまうことがあるかもしれません。

「家事がしんどい」「時間が足りない」

そんな苦しい声をお聞きすることも少なくありません。


でも、こんなふうに考えることもできます。

家事とはあなたの手を使って、住む人に愛情を伝える行為。
自分自身や家族、ともに暮らす動植物たち、
言葉を発することのない物たちへ、愛情を手渡すことができる。

あなたが心をこめておこなったことが、みんなの気持ちを明るくする。
あなたの手がすべての始まりになって、
その明るいエネルギーが、
住む人に、家の中に、家の外にも伝わり、循環していく。

私は、家を明るく元気な愛のエネルギーで満たすことこそが、
家事の本来の意味であると思っています。

そのために、ひとつだけ手放さなければならないことがあります。
それは、「こうあるべき」という思い込みにより、
「できない自分を責めること」です。

すぐには無理かもしれません。
まじめで、優秀で、暮らしをよりよいものにしたいとがんばっている方ほど、
ご自分に課しているものが大きいからです。

でも、本書を読み終わるころに、

やりたいことを、やりたいときにやっているだけで、
家は自然と片づき、料理はおいしくなる。

効率を追求せず、
「自分の機嫌のよさ」や「気持ちの明るさ」を大切にすると、
結果、効率がよくなる。

この真実に気づいていただければ、
これ以上の幸せはありません。

加茂谷真紀

C O N T E N T S

編集協力
中村亜紀子

DTP
つむらともこ

校正
鷗来堂

イラスト
本田亮

ブックデザイン
albireo

第1章　手のひらから伝える愛情

家の中に
さみしい子ども、
無視されている
物がいないか。
目をやる、
心を配ることから
始めてみましょう。

掃除、洗濯、料理。

そのほか無数にある家事を心をこめておこなうことで、家の中がほくほくとした明るいエネルギーで満ちていきます。

家族は笑顔になります。

料理はおいしくなります。

住む人だけでなく、置いてある物、床、棚など、家の中のすべてが輝き出します。


「心をこめて」とはどういうことでしょうか。


「心をこめる」とは、「心を遣《や》る」こと。

家にある物、人、動物、一つひとつに心を置き、見ることから始めてみましょう。

さみしい思いをしている子どもはいないだろうか。

無視されている物はないだろうか。

いつもそばにある
物や人を
ゆっくり見る。

玄関も、窓も、ランドセルも、冷蔵庫も、床も、洗濯物も、元気で楽しく存在しているだろうか。

物や人にまなざしを向けると、あなたのなかに何かしらの感情が生まれます。

いつも座っている椅子にあらためて目をやるとき。

「この椅子を買ってもう10年か。相変わらず美しいかたちだなあ。いつもありがとうね」

テレビを見ている子どもにまなざしを向けたとき。

「ちょっと疲れ気味かな？　小言は控えめにして夕飯は好物のポテトサラダを作ろう」

こんなふうに、「まなざしから自然に生まれる感情」をもとに家事をしていきましょう。

目をやる、心をやる。

これが「愛のエネルギー家事」のはじめの一歩です。

あなたの愛情は、手のひらから伝わります。「ふれるときの気持ち」を大切にしてみましょう。

人の気持ちは手のひらを通じて物や人に残ります。

「心をこめてにぎったおむすびはおいしい」

というのは、気のせいではなく、真実であると思っています。

究極のところ、すべての家事は、手のひらから愛情を伝える行為にほかなりません。

愛情を伝える相手は、人間だけではなく、あらゆる物が対象になります。

家電も調理器具も、家の床も洗面所の鏡も、明るい気持ちで磨いたあとは、光り輝くようなオーラを放ちます。

もしも、いつも怒っていたり、長いあいだクヨクヨしたりしていますと、どんよりした重たいエネルギーが家の中のそこここに残ってしまいます。

家事をする手のひらにやさしい気持ちをこめると、その家の家族も物も、いつのまにかニコニコ幸せになるのです。

1

手から愛のエネルギーが
出るよう、
気持ちをこめて、
テーブルを
拭いてみましょう。

2

眠れない子どもの背中を、
やさしくトントン
しましょう。
手にあたたかい
愛をこめて。

3

いつもより少し早起きして、
朝ごはんにおむすびを
にぎってみましょう。
今日1日、みんなが
幸せな時間をすごせるよう
祈りながら。

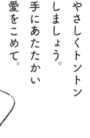

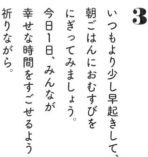

やりたいことを、やりたいときに、やるだけで、自然に家が整います。

身のまわりを片づけて住処《すみか》を心地よく整えること。

おいしいごはんを作ること。

ゴミを捨てること。ほこりをはらい、汚れを拭くこと。

本来、家事は快適な暮らしのためにおこなう自然な行為で、とても「気持ちのよいこと」です。

でも、いつのころからか、家事が「義務」になってしまいました。

やらなくてはという義務感は、自分の持っている力を小さくします。「やらなくては」とは、「自分はやっていない」「できていない」ことが前提の言葉だからです。

それによって、自己否定のエネルギーが体じゅうをかけめぐり、次に、やらなければいけないという抑圧の負荷がかかります。

いまこの瞬間、「やらなくては」の束縛から静かに解放されていきましょう。

「やりたいときにやる」ということを体に覚えさせますと、「やりたいときにやれる人」になっていくのです。

「毎朝20分、かならず掃除をする」

「日曜と水曜は買い物の日」

「夕飯は20品目使ったメニューを作る」

などといったルールを一度忘れてみましょう。

そして、「いまやりたい家事は何かな?」と心に問うてみましょう。

やりたいことが浮かばなかったら、こんなふうに思ってみてください。


「家が少しくらい散らかっていてもいい」

「疲れているときに外食するのは最良の選択!」

「シーツの洗濯より、ぐっすり眠ることが大切よね」


家事が義務ではないという感覚を体がどんどん覚えていくと、家の中の空気が明るくやわらかなものに変わっていきます。

「やらなくては」と苦しく思うことは、きっと「やらなくても大丈夫」な家事です。どうぞ安心して義務感を手放していってください。

目を閉じて、耳を澄まし、家のエネルギーを感じてみましょう。毎日、さまざまに変化しているはずです。

家の中のエネルギーを左右するのはやはり住んでいる人です。明るい気持ちの人が住んでいれば、明るく心地よい空間になります。暗い気持ちの人が住んでいれば、冷たくて、かわいた空気の場所になります。

あなたのいる場は「第二のあなた自身」です。家だけでなく職場も「自分の状態をあらわす鏡」と思っていただいてかまいません。**自分の状態がやさしいものに変われば、場も少しずつやさしいエネルギーに変わるはずです。**

場のエネルギーを感じるヒントとして、左に大きく4タイプの状態を紹介します。「タイプ1」はもちろん素晴らしいのですが、タイプ2～4であっても大丈夫です。雨の日、風の日があるように、2～4の状態になることもあるでしょう。否定することなく、ゆるやかに「タイプ1」に近づけていけばよいと思っています。

いまいる場所はどのタイプに近いかな？

[タイプ 1]

愛のエネルギーに満ちた家

【感覚】
ほくほく、わくわく、
ほかほか、ほっこり、
にっこり、深い呼吸、
適度な湿度

[タイプ 2]

強迫のエネルギーの家

【感覚】
怖い、冷え冷え、
ぞっとする、
おなかが痛い、さみしい、
肩がこる、孤独、不安

[タイプ 3]

無気力な家

【感覚】
無機質、無関心、無表情、
無感情、拒絶、排除、
からっぽ、空疎、空虚、
あきらめ、能面

[タイプ 4]

感情過多の家

【感覚】
サプライズ、
アクシデント、
びっくり、爆笑、
ケンカ、興奮

見えない
エネルギーこそ、
これからの時代は
実用に足る。

どんな方でも、「なんとなくそう思った」「根拠はないけどそう感じた」という経験があるはずです。

「なんとなく好き」「なんとなくいやな気持ちがする」。

そんな**「なんとなく」こそが、もっとも信頼できる感覚です。**

心のこもった思いというのは目に見えないものです。

でもたしかに「そこにある」ものです。ですから「なんとなく」感じることができます。

「見えないエネルギーこそ、これからの時代は実用に足る」と痛感しています。

今後は、感覚値が増大する時代です。見えないものがわかる、体感することができる人が急速に増えていきます。

やさしい心を持つ人が経営している会社、雰囲気が明るいお店、楽しさや愛のたくさんある場所はどんどん繁栄していきます。

反対に、自分だけが得すればよいという愛のない会社、家族を愛《いと》しみ思いやることができない家庭、耳ざわりのいい言葉を使う嘘つきの会社や人は、数年はうまくいったとしても、いずれ雲行きがあやしくなっていくでしょう。

「なんとなくいいな」と肌感覚で感じる人や物、場所にふれることが、自分の中のエネルギーを高めていきます。

24時間のなかで「なんとなくいいな」をどれだけ連打できるか。「なんとなくいいな」の連打が、「すごくいいな」という大きな喜びにたどり着かせてくれます。

そして、家事は、目に見えない「なんとなくいいな」をあなたの手によって生み出せる、この上なく尊いものなのです。

24時間のなかで「なんとなくいいな」を連打できると素敵です。

いつもと違うスーパーへ 行ってみたら
輝いている野菜と
出会えた。
おいしい
ピーマン
198円

今日は外食！
うどんを食べに行ったら、
おいしかった！

玄関に水を撒いて
掃き出したら
すっきりした。

特別に何かをしなくても、
感じようとするだけで見つかるのが
「なんとなくいいな」です。

「部屋が汚い！」と焦ったときは、一度片づけを忘れて「できたこと」を数えましょう。

「片づけなくちゃ！」
という焦りで心がいっぱいになったり、
「片づけなさい！」
と家族への命令を繰り返す人は、「できなかったこと」にのみ着目していることが多いものです。

できなかったことは、この際どうでもいいことです。
できなかったことは人生における幸せになんの関係もありません。

家事だけでなく、仕事や育児、さまざまなことにおいても、できなかったことに着目しなくてもいいということを、この本を通してご理解いただけたらうれしく思います。

できなかったことではなく、できたことを見ていきましょう。

「部屋が散らかってる！」と焦ったときに、イライラしながら急いで片づけるのではなくて、

自転車を一生懸命こいで
子どもを送っていった。
子どもの話を
目を合わせて
聞けた。
仕事をがんばった
買い物に行けた

「今日はスーパーで食材を買ってこられた」

「仕事をがんばった」

「自転車を一生懸命こいで、保育園に子どもを送っていった」

「家族の話を目を合わせて聞けた」

と、できたことを数えてみましょう。

自分の成したことを他人の視点で見てあげてください。

あなたのとなりに、あなたのできたことを数えてくれる、もうひとりの自分がいるとしたら……。

そうすると、

「よくやったね、がんばったね、すごいね」

という言葉しか出てこないと思うのです。

毎日の暮らしで、できたことを数え、尊び、感謝すると、「できの悪い自分」「足りていない自分」というまちがってつけてしまったラベルがはがれていくでしょう。

もしあなたが「愛の存在」だったら、いまこの瞬間、何をしますか？

幼い子どもたちは、「ほら！　おかあさん！　散らかっているよ！　早く片づけなさい！」

とは言いません。親から刷り込まれなければ「散らかっている」という概念さえ持ちません。

子どもはみんな、大人よりも慈愛に満ちて寛容な「愛の存在」です。

お母さんとお父さんに、家事をしてもらうために生まれてきてはいません。ただただ、無条件に自分の存在を楽しんでほしいと思っています。自分がいることで、生きることが本当におもしろい、よかった、という喜びを感じてほしいのです。

ですので、ご両親が日々の暮らしに精根尽き果てるような疲れを感じるときに、実は子どものほうから一生懸命にエネルギーをくれていることがたくさんあります。

「お母さん、お父さん、笑って！　楽しいよ！」と。

それほどまでに、彼らの魂は尊いものです。まだ神様との記憶が残っていると思います。子どもは愛を表現する存在なのです。

もしお母さんやお父さんも、**愛の表現者**として存在していたら、その家庭では、「早く食べなさい」「片づけなさい」という言葉が、だれからも出ることがなくなっていきます。

無秩序に散らかるという意味ではなく、言う必要のない人格に家族が成長し、変容していくのです。

その理由としては、エネルギー値の高い大人と子どもになるからです。エネルギー値の高い人間は、自然と美しいもののエネルギーに共鳴する生活・思想・生き方になっていきます。自分の周囲を、自分にとって心地よい状態にするよう、他人から言われなくても自分でどんどん整えていってくれます。

一時的に散らかることがあっても、自ら率先して片づけをしていってくれる、家族全員がそういう方向性で生きることが可能になります。そして、使う言葉も美しくやさしくなります。

愛の表現者って何？　どうやれば愛の表現者になれるの？

そう思われた方、大丈夫です。意味がわからなくてもいいのです。

ただ、胸に聞いてみてください。

「もし私が愛の存在だったら、いま何をする？」と。

ある人は、片づけをあとまわしにして子どもを抱きしめました。

ある人は、ベッドに入ってぐっすりと眠りました。

またある人は、大事な人に「愛している」という気持ちを伝えるために、手紙を書きました。

何をやるべきかわからなくてもかまいません。

「もし私が愛の存在だったら、いま何をする？」

そのように、心に問うてみるだけで、何かが、たしかに変わり始めるはずです。

KOI STORY

第2章　基本は「さわること」——掃除

物をかわいがる
ことが
掃除の基本です。
まず、
毎日使うものを
きれいにしましょう。

以前勤めていた職場での話です。

あるとき、ひどく荒廃した部署への異動を命じられました。「人が育たない部署になってしまった。力を貸してほしい」と、上司は私に言いました。

聞くと、連日の残業続きでいらだちが充満し、飛びかう厳しい言葉で、退職者が続出しているというのです。当然、仕事の進みも停滞し、納期も狂い始め、負のスパイラルは悲惨な方向へ動いていました。

意を決して異動を受けた私が、着任初日に目にしたものは、手あかで真っ黒になったコクヨの青いファイルと、だれもめくっていない卓上カレンダーでした。

2カ月も前の日付のまま、ポツンと壁にもたれかかったカレンダーからは、なんとも言えない物悲しいエネルギーを感じました。

ファイルは仕事上毎日かならず使うものでしたが、べったりとついた手あかを、だれひとりとして気にしないほど、部署は暗く重く

鬱々《うつうつ》としていました。

そのふたつを見たときに、「荒廃とはこれだ」と理解しました。まさに、ファイルが部署の「黒いエネルギー」を目に見えるかたちで見せてくれ、カレンダーが「無視されている」と教えてくれたのです。

私はそのファイルに「お待たせしたね」と話しかけながら愛情をこめて水拭きをしました。

もちろん、カレンダーもめくりました。

そして、だれもがその部署を愛せるように、半年かけてマニュアルを作りました。それまでは、人を大切にしない部署だったため、働く人が働きやすいような「マニュアル」や「手順書」もあえて作らなかったというのです。

翌年、その部署は仕事の滞積《たいせき》もゼロになり、残業時間は月に10時間以下と以前の5分の1に減りました。

先輩も新人もみんなが笑顔でいられる部署に変わり、もうファイルが黒くなることも、カレンダーが無視されることもなくなりました。

掃除を考えるときに、いつもあのコクヨの黒い手あかがついたファイルとカレンダーを思い出します。

それは、「毎日さわるところ（見えるところ）に、心を置いていない」という現れであったからです。

心が荒れてしまいますと、物をかわいがることができず、物を無視するようになります。そうすると、家は、無気力・無関心なあきらめのムードがただよい、家のエネルギーも落ちてしまいます。

反対に、物をかわいがりますと、心が潤い、あたたかい空気が満ちた家になり、不思議と幸せが転がり込んできます。

まず、毎日お世話になっている物を愛することから始めてみませんか。

毎日使うものを
かわいがりましょう。

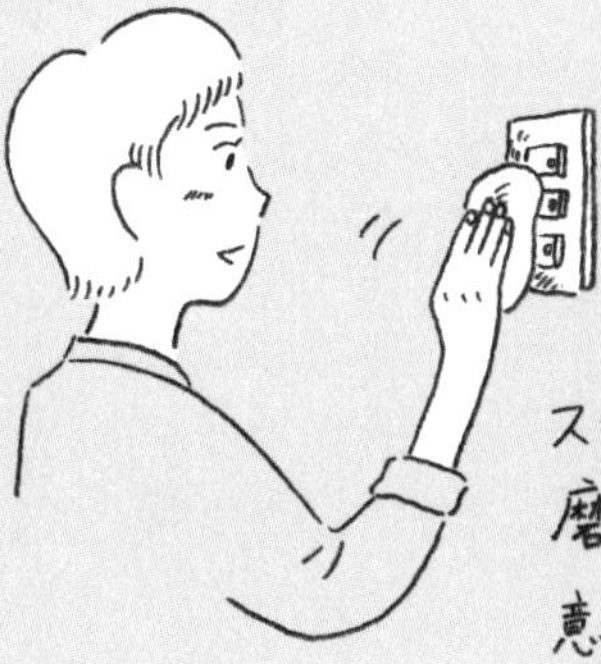

スイッチの汚れを
磨いてみましょう。
意外と黒ずんでいるものです。

やかんを洗いましょう。
油汚れは食器洗い洗剤
をつけてやさしくこすると落ちます。

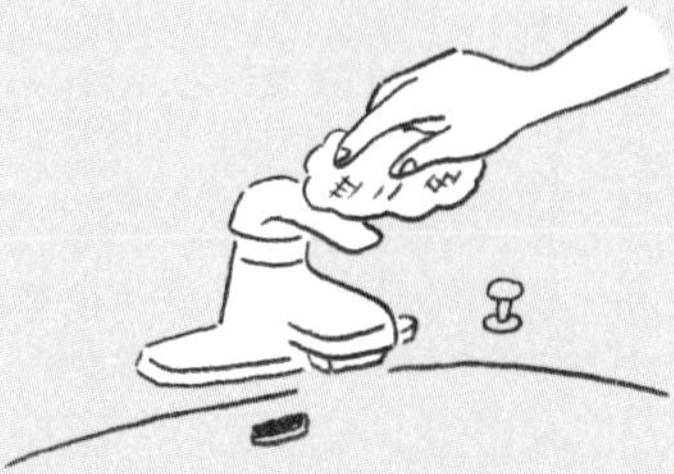

乾いた布で
水栓を
拭きましょう。
すぐにピカピカになります。

**衝動的に
掃除しましょう。
良きタイミングは、
体が知っています。
気持ちにうそを
つかない掃除は
とても心地よい
ものです。**

家事を喜びではなく義務にしてしまったのは、社会や教育ではないでしょうか。

「洗濯は毎日、朝にやる」と、教わっていませんか?

「食事は1日3回食べる」と、おなかもすいていないのに、思っていませんか?

大掃除も年末・大晦日までにはと言いますけれども、そのころは家族といちばんゆったりすごしたい、とても素敵な時間のはずです。**掃除のタイミングは体から湧き起こる衝動に合わせればいい**と思っています。

春分・夏至・秋分・冬至などの近くで急に掃除をしたくなったり、女性の場合は、月経前や月経中に掃除をしたくなったりなど、掃除をしたいなと思う本来のタイミングがかならずあります。

新月・満月などの月のリズムでも掃除をしたくなることを感じますし、お天気がいいから心地よくて自然に、風邪を引いて治癒したあとの青空に誘われての大掃除、というような「思いつき掃除」は、何より**気持ちにうそをつかない掃除**になります。

映画に行こうと思っていたのに掃除をしたくなったら、掃除をすればいいのです。

掃除をしようと思っていた週末に映画に行きたくなったら、喜んで出かけてください。

掃除をしたいときは、かならずやってきます。

好きなタイミングで掃除をすることは、体と心の声に素直になることです。それは自分を大切にすることにつながります。

ぜひとも湧き起こる衝動に目を向けて、家と自分自身を慈しみましょう。

「いま掃除したい！」

「いま物を捨てたい！」

「いまスープを作りたい！」

体の底から湧く衝動は、
最良の家事タイミングです。

5月の風に吹かれていたら
突然ミネストローネが作りたくなった。
冷蔵庫の野菜全部入れちゃおう。

青空を見て白いスニーカーを
洗いたくなる。

衣替えをする予定にしていたけど
朝起きたらやりたくなかった。
やらなくてOKです。
いま やりたいことを
存分に！

3月
21
9月
23
春分の日，秋分の日の前後に
家の不要物を外に出したくなる。
(ちなみに著者は 春と秋のタイミングに
熱を出してそのあと大掃除というパターンです。)

月経前に急に
水回りを
掃除したくなる。

雨の日は
写真整理が
はかどります。

何かの事情で「やりたいタイミング」をはずしてしまっても、大丈夫です。またいいときに、衝動がやってきます。

疲れているときは、
ゆっくり
休息しましょう。
体が回復する
につれて、
「掃除したい」という
衝動が訪れます。

「やりたいときにやりたい家事を」と言われても、放っといたら何もしないんだ、怠けちゃうんだという人は、**太陽の光を浴びることから始めてみてください。**

「掃除する気が起きない」のは、怠けではなく、あなた自身の体のパワーが足りていないのかもしれません。

「掃除できない私」を責めずに、ひなたぼっこをしましょう。

少しくらい汚れていても大丈夫。気になるようでしたら、部屋や台所の気になる場所に、**「元気になったらお掃除するから待っててね！」**と声をかけましょう。

パワーが足りないのに無理に掃除をすると、家の中から愛のエネルギーが失われていきます。

太陽の光を浴びて、おいしいものを食べて、ようやく掃除や片づけをするパワーが湧いてくる。そんな順番です。

掃除のパワーが湧いてくる素直で美しい順番。

「さわること」で生まれる感情に素直になると、自然に手が動きます。

掃除の哲学を短く言いますと「物を愛する」こと。
ただそのひと言に集約されます。愛するとは、見ることとさわることです。物たちはすみずみまで、あなたの目で見ていてもらいたい、さわってもらいたいと思っています。

まず、さわる。

床にさわる。ほこりにさわる。汚れた流し台《シンク》、汚れたコンロにさわる。黒ずんだ電気スイッチをさわる。さわりながら見てあげる。

ただ、そこにある物たち、家具、床たちを、見て、さわることが掃除の始まりです。

さわってあげると、もっとかわいがりたくなる。水拭きしたくなる。ほこりを手で拾ってあげたくなる。

さわったことから生まれる感情をもとに手入れすればいいだけなのです。特別なテクニックはいりません。

さわったときに、拭きたくなったらその場で拭けばいい。

「いますぐできないけど、週末拭こう」と思ったら、「待っててねー」とひと声をかける。

拭く行為そのものではなくて、「心を置くこと」こそが掃除です。

好きな物ってずっとさわりたくなるはずです。大好きな子どものほっぺたをつつきたくなるように、愛猫を膝の上にのせてなでていたくなるように。

さわっていると自然に磨かれます。磨かれたものはきれいになって、エネルギーを放ちます。それは人の手から「好き」という感情や「愛」が伝わり、物に残るからです。

「きれいにしなくちゃ！」とあわてて掃除に取りかかるその前に、ゆっくりゆったりさわってあげましょう。

「きっかけの水」を大切にして、水のパワーをもらいながら拭き掃除をしましょう。

家事には**「きっかけの水」**というものがあります。

バケツにくんだ水。

やかんにそそぐ水。

最初にお米にふれる水。

食器洗いのスポンジにふくませる水。

野菜を洗う水。

家事の準備段階で使う「きっかけの水」を、心地よいエネルギーに変えることをぜひ楽しんでみてください。


変え方はかんたんです。**水に自分の手を入れるときに、好きな言葉を口に出し、それが手のひらから出ているような気持ちになるだけで大丈夫です。**

「ありがとう」

「楽しいね」

「よろしくね」

「愛してる」
「おいしくなりますように」
など、そのときの自分にぴったりくる心地のよい言葉であれば、どんな言葉でもかまいません。

言葉ではなくて、笑顔で水にふれるだけでも効果はあります。

気持ちをこめた水を、料理・掃除・お風呂などに使っていくと、もう、それなしには家事ができなくなってきます。

慣れてくると、水の感触の違いや丸さ、滑らかさがわかります。その水を使って拭き掃除をすると、なぜか家具や床やさまざまなものが滑らかな手ざわりになります。そして、いつもの「無意識の水」を使ったときよりも、光沢が出ます。

「きっかけの水」を心地よいエネルギーに変えることは、面倒なことではなく、あやしいことでもなく、心地いいからと、いずれ自然と無理なく慣れていくことでしょう。

雑巾《ぞうきん》は宝布《たからぬの》。家事の仲間として大切に扱いましょう。

雑巾は掃除をいっしょにおこなう大切な仲間です。汚れたらいちばんに使います。何よりたくさん使います。家のＳＯＳを助けてくれる宝布です。

そして、どんな汚れもいやとは言いません。とても謙虚で献身的な存在です。雑巾で壁を磨き、床を磨き、靴も磨くことでしょう。雑巾は有り難いのです。

ここでは、便宜上、雑巾という言葉を使わせていただきますが、いったいなぜ「雑」という言葉になってしまったのかなと思うのです。雑用なぞ、この世の中にはないのだと私は信じています。どんな仕事も家事も尊いものです。

古いタオルを雑巾にするときは、ていねいに縫《ぬ》い上げてみましょう。縫うときに楽しんで縫うと、ふっくらほくほくした宝布になります。

水と布に感謝して、どんな汚れも決して強くこすらず赤ちゃんの頬をなでるように。

私は家のほとんどの掃除を木綿の雑巾に水を含ませ、固くしぼった拭き掃除ですませています。

バケツにためた水をさわるとき、雑巾を水に浸《ひた》すとき、あたたかい気持ちをこめます。固くしぼったあとはなでるようにやさしく拭くだけです。

赤ちゃんの頬《ほお》をガーゼで拭うようなやさしさで、磨きます。

丸く、つややかな心で、にっこり笑顔で磨きます。

物によってはわずかに力を使います。物と向き合う数分間、その物と人には1対1の平等の関係性があります。

物を視線でしっかりととらえて、内的な光が輝く感覚がふと感じられるまで磨いてみましょう。

光が感じられなくても、無駄ではありません。水と物と両方に、あなたの心のあたたかさが残るからです。

拭き掃除に愛をこめて。

雑巾は楽しい気持ちで
縫いましょう。
ほくほくとした
宝布になります。

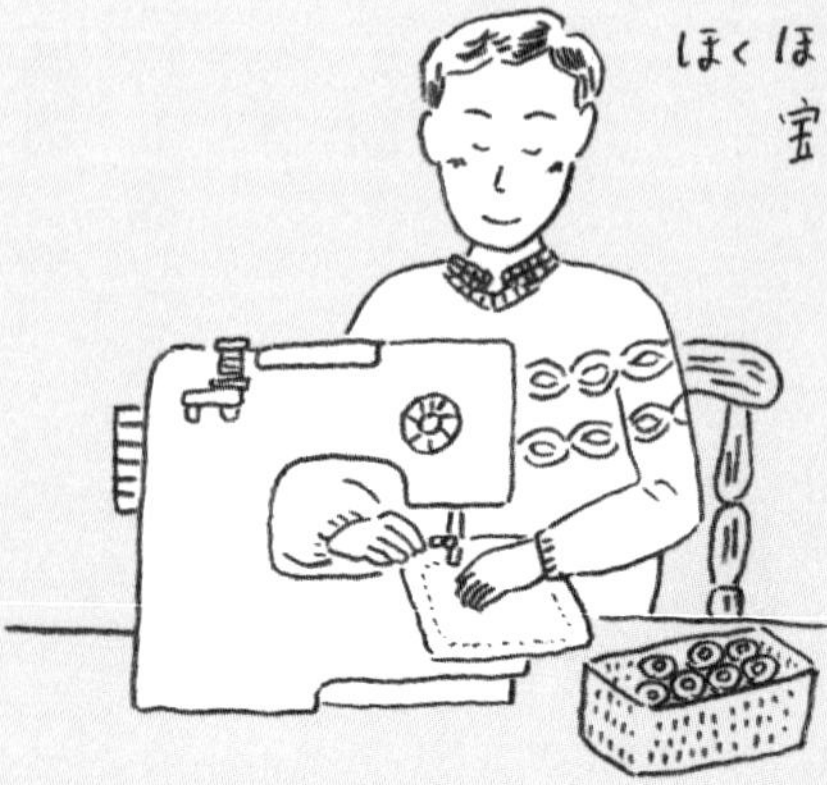

水に「ありがとう」
「愛してるよ！」など
言葉をかけましょう。

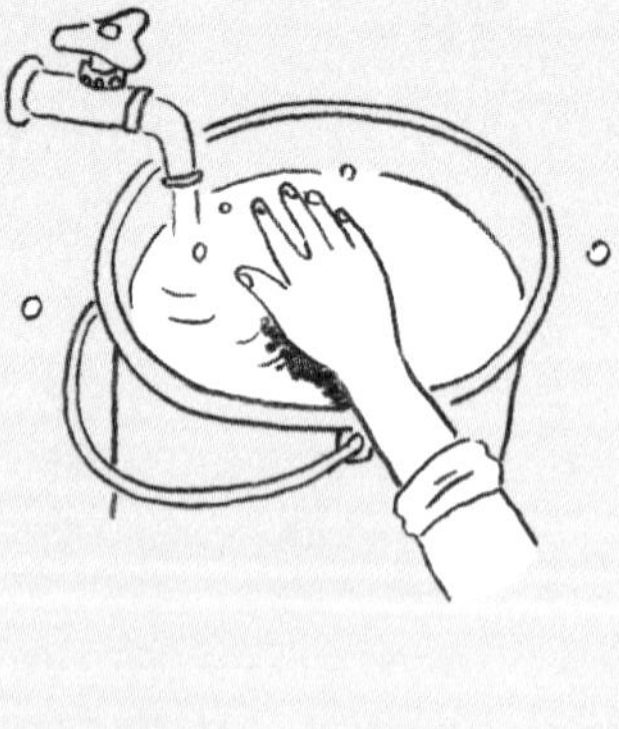

雑巾を水に
浸すときもしぼるときも、
優しい気持ちをこめます。

なでるようにやさしく拭きましょう。
優しい気持ちで拭いていると
力をこめてごしごししなくても
床がきれいになります。

床は
さらさらすべすべに
テーブルはピカピカに
不思議な光を放ちます。
(光るような気がする、でOKです)

便い終わったら
よくかわかしましょう。

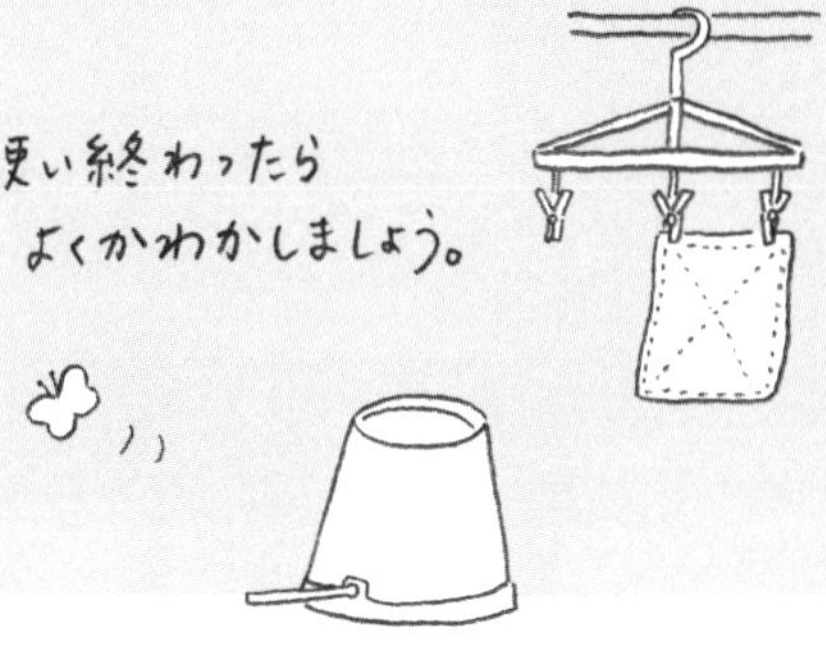

水と布を大切に扱い、
拭くときに気持ちをこめると、
ピカピカと美しい光を放ちます。

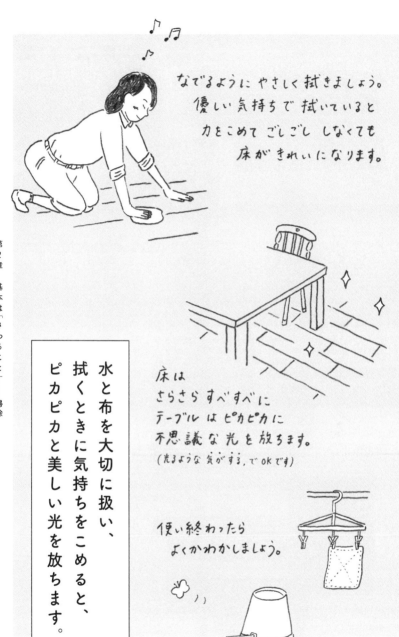

愛しい人にふれる感覚で流し台《シンク》を磨いてみましょう。30秒ですみます。

小さなお子さんのいらっしゃる友人宅に遊びに行き、お昼ごはんをごちそうしてもらったことがありました。

私が洗い物を手伝ったあとに、友人はこう言いました。

「真紀さん！　シンクがピカピカです。どうしてこんなにピカピカなのですか？　見違えるほどきれいです！」

お皿洗いを頼んだら、シンクまでピカピカに光っていたことに驚かれ、喜んでくださいました。

その日、私がどんな状態でシンクに相対していたか。それは言葉にするならば、最愛の人を目の前に見ている感覚でした。

ステンレスの曲線のすみずみまで眺めてから、愛する人の眉毛やまつ毛や瞳を眺めるかのごとく、光り輝くことを願って、スポンジで軽く磨いていったのでした。

愛している、かわいいね、ありがとう、と。

時間にして30秒程度のことでした。

1

食器洗いのスポンジを
水にぬらして、洗剤を
ほんの少し
つけます。

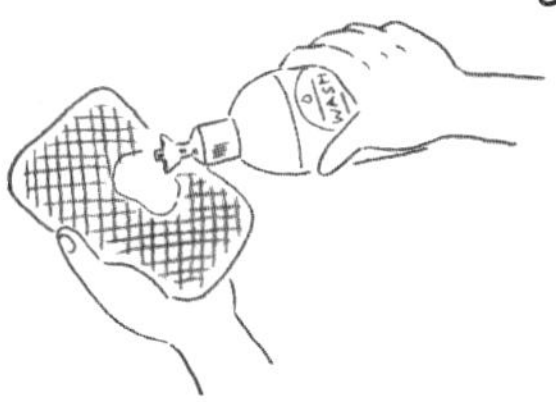

食器を洗うついでにくるくるするだけなので、「シンク洗い用」のスポンジではありません。掃除という言葉にもならないほど「なでるだけ」のシンク磨きですが、驚くほどピカピカになります。

2

くるくると顔を洗うように
やさしくなでましょう。
できれば「かわいいね、
愛してるよ、ありがとう」と
言葉をかければ最高ですが、
大切なものを
慈しむ気持ちを
こめれば
大丈夫です。

3

お水をかけ流して終了です。
乾いた布で拭き上げる方も
いらっしゃいますが、
私は水のエネルギーを
取りたくないので、
そのままに
しています。

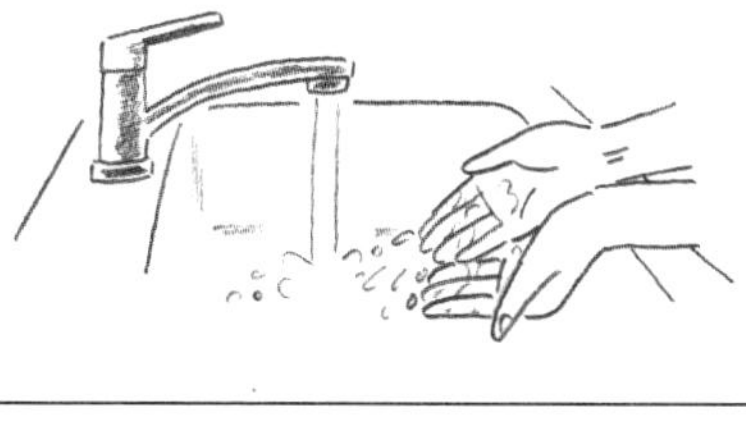

毎日トイレ掃除ができなくても、悲しまなくて大丈夫です。

トイレは、感情の切り替えができる不思議な空間です。トイレに入ると、人は心がフラットになり、それまでの感情から「ふーっ」とひと呼吸置くことができます。トイレに入ってまでイライラを持ち越すことは少ないものです。心や体に残った感情を、水に流すことができる場所なのです。

トイレ掃除は使った人が「次の人のために」と、汚れたらサッと清める「思いやり」が大事です。

そもそも、次の人が気持ちよく使えるように、という意識があればそれほどひどくは汚れません。ですから、子どもたちにも、「次の人がいやじゃないように使おうね」と話しておきたいものです。大切な言葉です。

最近では、「トイレ掃除をすると運気が上がる、お金持ちになる」と言われています。この考えはとても流行り、衛生観念も美意識も高まりました。

使う側としてはトイレが美しいのは素晴らしいことです。

ただ、スピリチュアルなことが大好きな私ですが、実はトイレをきれいに保つことだけで、金運や成功が手に入るとも思えないのです。

トイレ掃除がこれほどまでに開運と関連づけられている理由を考えてみたところ、次のような流れではないかと思いました。


住む人に愛があり↓家や持ち物を大事にしたくなるから↓掃除をする

住む人に愛があるから↓仕事にも愛があり↓結果として成功する

長く成功をキープしている人は、人も物も家も仕事も同じように大切にするから、結果として成功しているという事実があります。

ですから、

×**掃除をしたから↓運がよくなって↓成功する**

という流れだけを信じることでは、人の心や物への愛情がついてこない気がします。

家事を担う人が、外でも家でも一生懸命働いていて、ヘロヘロに疲れ、トイレ掃除が毎日できなくても、その人の愛情が深ければ、家族はみんな、それぞれのかたちで成功していくものです。

最近運が悪いなと気づいたときに、やるべきことは、トイレ掃除ではなくおいしいものを食べることかもしれません。

自分の体と心を大事に考え、きちんと食事をとり、じゅうぶんな睡眠をとってはじめて、掃除ができるパワーが湧いてきます。

毎日トイレ掃除ができなくても、「ようこそ」という状態を維持

できればいい。

「うわっ！」と驚かず「ほっ♪」とできる空間にさえなっていればいい。

思いひとつで、心がざわつくことや失望を手放せるのです。

ここでひとつ、エピソードをお話しします。

以前、母が祖父の家に行ったときのこと。祖父はもう90歳を超え、心臓も悪いので寝たり起きたりの静かな暮らしでした。

自分で買い物に行くこともせず、食事やお風呂もとなりに住む叔父夫婦に世話になっていました。

母が久しぶりに帰省してみると、祖父の家の洋式トイレの便座に真新しいさらしがていねいに巻かれていました。それを見たとき、あまりのことに驚き、母は涙がこぼれて止まらなかったといいます。

娘が来るのに、新しいカバーを買うことはできなかった。でも、おしりが冷たくないようにと、家にあった新品のさらしを巻き続けた祖父。

寒い冬に暖房のないトイレで、便器に顔を近づけ、長いあいだしゃがんだまま、さらしを少しずつずらしながらぐるぐる巻いていたのかと思うと、泣けてしかたがないと母は話してくれました。

そのシミひとつない真っ白なさらしには、90歳を超えた父親の手から娘への愛のエネルギーと光が強烈に残っていたのです。

トイレという場所に、家事（神事）の神々しさが顕れた、真実のエピソードでした。

**「汚れ」はもともとは
汚れではありませんでした。
愛のエネルギーが
満たされると、
たまったほこりさえ、
愛おしく思えます。**

知人の20代の女性が、排水口の生ゴミを処理しながら「生ゴミにさわりたくない、気持ち悪い」とこぼしたら、ちょうど遊びに来ていた友だちに、

「気持ち悪くないよ。**もともとは食べ物だよ**」

と言われてハッとしたそうです。

「汚い」という感情は植えつけられてしまった誤解です。

泥だらけの子犬は汚くない。

赤ちゃんのうんちは汚くない。

子どもの口のまわりについているチョコはかわいい。

雑巾はこの前までは布でした。

ほこりより、お風呂の水あかより、トイレの黒ずみより、生きている人間の醜さのほうが汚い。卑怯さ、嫉妬、ずるさ、裏切り、被害者意識など人間の心が生み出すもののほうがよっぽど汚いのです。

強い言い方になってしまいましたが、**「汚れ」に対して顔をしかめることをやめるのが、「愛のエネルギー掃除」の第一歩です。**

この本の価値観としては、

× **ほこりひとつ落ちていない完璧に掃除された家**

を目指すのではなく、

○ **ほこりがあってもほこりに寛容になり、にっこり笑える家**

を良きものとしています。

実際、私はほこりに嫌悪感を持っていません。寝具店の娘に生まれた私は、ほこりが汚いものではなく、洋服や布団からはぐれた子たちであることを知っています。毛嫌いせずに手の中に集めて「ありがとう」と捨ててあげればよいだけです。

掃除とは、汚い汚れを排除することではなく、「物を本来の姿に戻す」ことであると考えてみませんか。

1日の終わりに、あなたが入浴してその日流した汗や汚れを落とし、清潔な体に戻して眠りたいと思うのと同様に、ステンレスのキッチンは、ステンレスのままの姿でいたいですし、タイルのキッチンはタイルのままでいたいのです。

1 文房具も洗いましょう。

洗えそうな作りであればサッと水で洗って拭きます。日ごろの疲れまでも取れるかのような不思議な感覚が湧いてきます。水にぬらし、固くしぼった布で手あかや脂を拭いてあげるのもよいでしょう。

2 生活家電は家族です。

あなたを助けてくれる生活家電は、機械といえども「家事をする人を助けたい!」という開発者の愛情がこもっています。我が家でも食洗機を4人目の家族という気持ちで迎え入れました。

お掃除ロボット、洗濯機、アイロン、掃除機など、大切につきあいましょう。

3 ほうきは手の延長となって心を伝えてくれます。

余裕があるとき、ほうきで掃除をしてみませんか。ほうきは自分の体温をよりダイレクトに伝えてくれるものです。部屋のすみをほうきで掃き出すと、すみずみまで心が行き届いた気がします。

掃除をしないことで「大切にされた何か」があるかもしれません。

掃除の章のしめくくりに、あるご家庭の話をします。

いつ行ってもチリひとつ落ちていないピカピカの家で、潔癖《けっぺき》ともいえるお母さまに育てられたひとりのお嬢さんがいました。幼いときから、自由意志を認めない厳格なしつけでお嬢さんは育ちました。

お嬢さんは、30歳を超えてからふとしたきっかけで、自分の人生を自分らしく生きてこなかった憤《いきどお》りを、親にぶつけるようになりました。

その方法が、1日じゅう家の掃除をするという反抗でした。「汚い、汚い」と繰り返し、あげくの果てには育ててくれたご両親まで汚いと罵《ののし》るようになったそうです。

長年の忍従と憤慨を掃除というかたちで吐き出し、毎日、家じゅうを掃除しているようですが、実際は心の中の怒りや悲しみを塗り続けています。

お母さまの一生懸命さゆえのあまりに厳しい子育ては、そのお嬢さんにとっては少しも喜びではありませんでした。また、ご両親も

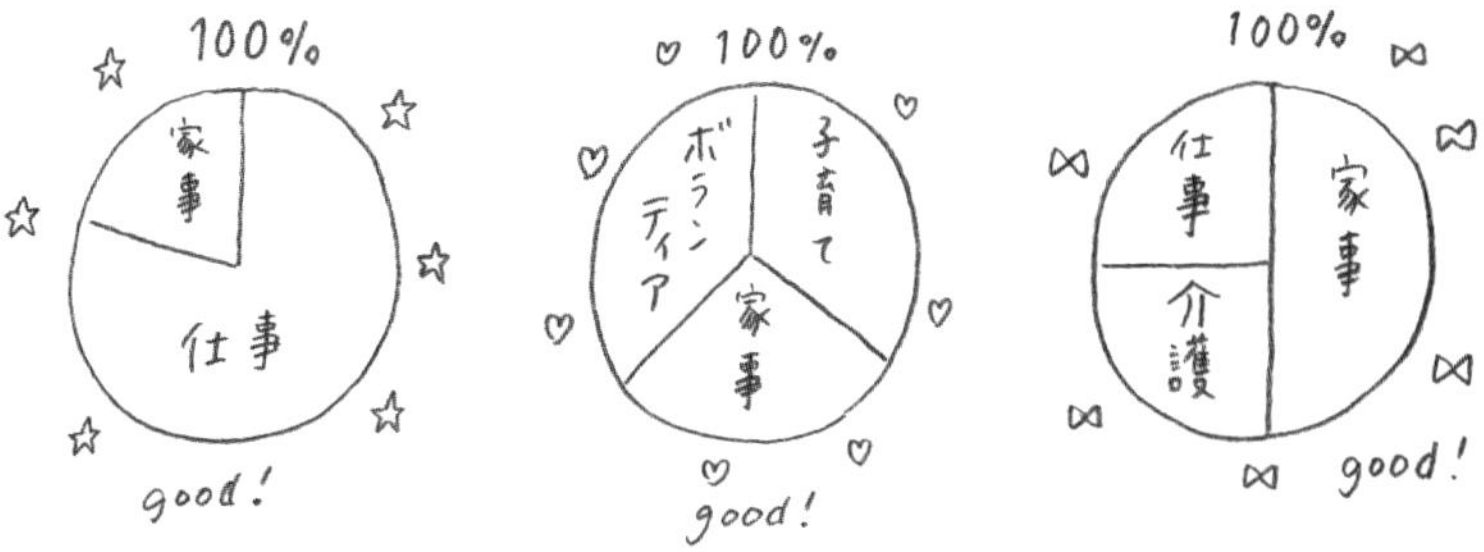

内容がどんな割合であっても
だれもがその日できることを100%精いっぱいしています。

いまになって「こんなはずではなかった」と、人生の悲しい実りの収穫をしているのかもしれません。

掃除が完璧に行き届いたきれいな家とはどういうことか、考えさせられる話でした。

家事の大切さの反対側に、家事をしないことの大切さもあり、その両極どちらも、深い気づきと意味があるものです。

幼いお子さんがいらっしゃったり、体の調子が悪かったり、親御さんの介護をされていたり、外で仕事をされている方が、掃除ができない日があるのは、当たり前です。

仕事や育児に追われ、睡眠もままならないなかで、掃除があとまわしになることに対し、罪の意識を持つことはないのです。

どんな状況でも、あなたは「100%できている」からです。

その100%が何で構成されているのかは、人によって違いますが、「100%できている」ことにまちがいはありません。200

%、300%を目指していたら、体と心が壊れてしまいます。

あなたは何ができなかったのではなく、何ができたのですか？

ということなのです。

今日、あなたは何をしてくれたのでしょう？

社会のために、家族のために、友だちのために、地域のために。

神様の子どもたちのために。

それは、あなた以外にできたことでしょうか？

あなたにしかできなかったのではないでしょうか？

……はい、そうです。

その先に何か大きな特別な報酬がありますか？

……いいえ。特に報酬はありません。

そうですよね。「真心と愛の行動をありがとうございます」と神様がしっかり見ています。

「掃除をしないことで、大切にされた何か」を認め、讃えることは、家事を担うあなたと家族を愛することにほかならないのです。

第3章 うれしくなる料理

――台所の仕事

あなたの手で、おなかの底から元気になる料理を作り出しましょう。

この本の編集者さんの話です。

その日、あまりに疲れていたせいか、バス酔いしてふらふらで会社にたどり着きました。

なんとかがんばって仕事を始めようと、バスに乗る前に買ったパンを食べたところ……体がふっと軽くなり、おなかの底から力が湧いてきたそうなのです。

一瞬で「心も体も元気になる」という回復具合に、驚くほどだったと伺いました。

そのパン屋さんで何度か買ってみたところ、食べるたびに、力が出たり明るい気持ちになったりするというのです。

ベーグル、バゲット、ソーダブレッド、パウンドケーキ。味はもちろんおいしいのですが、何を食べても、ほかのパン屋さんのパンにはない、**ポジティブな食後感**を感じるそうです。

女性がひとりでやっている、高円寺の小さなパン屋さん。

買うときには「寒いですね、お気をつけて」「花粉が飛び出しま

さわっただけで
いい気分になる
パンたち。

したね」なんていうさりげない会話をするくらい。

でも、いつ行っても店主の自然な笑顔が素敵なのだそうです。

まさに「愛のエネルギーのパン」だと感じました。

どんな人でも、このパン屋さんのようなエネルギーに満ちた料理を作ることができます。そのためのちょっとした工夫をこの章ではお伝えしていきます。

ひと口食べたら元気が出る。
明るい気持ちになる。

そんな愛のエネルギーに満ちた料理に必要なのは、テクニックでも特別な材料でもありません。あなたの手のひらに心をこめることで、「うれしくなる料理」を生み出すことができるのです。

料理は、作り手の感情がダイレクトに伝わります。

前項でご紹介した「うれしくなる料理」は、作り手の気持ちで決まります。

毎日の食事を作るということは、あなた自身の喜怒哀楽の感情を、家族に食べさせていることになります。

自分も自分自身のエネルギーののった食べ物を食べています。

「心をこめてにぎったおむすびはおいしい」

「お母さんの肉じゃがが世界一」

というのは、気のせいではなく真実です。

作り手のエネルギーが、料理の味やパワーに与える力を意識することは、何よりも大切なことです。

何かを食べたあとの自分の状態を観察すると、感情や肉体が、変化する場合があります。ふだん攻撃的ではない人が攻撃的になったり、自分らしくない言葉や考えが出たようなときは、その前に何を食べたか振り返ってみましょう。

だれかが怒りや不満などの強烈な思いで作った食べ物は、とても強い影響が残ります。

疲れた人がイヤイヤ作った食事は、いただいたあとになんだか疲れてやる気もなくなってしまうのです。

心も気持ちもいじけた人が作った食事は、食べたあとに不思議とさぼりたくなります。

喜びの気持ちいっぱいで作られた食事は、食べたときのおいしさも格段に違いますし、**肉体に及ぼす影響として、背筋が伸びて体が軽くなり、2時間後から6時間後に活力のピークを迎え、どんどん元気になっていきます。**

走りたくなったり笑いたくなったりしたら、それはその前に食べた食事のエネルギーが、ポジティブで美しかったということになります。

子どもが学校からしょんぼり帰ってきたとき、いつもおかかおむすびを食べさせていました。

「大好きだよ」「愛してるよ」「大丈夫だよ」

そんな気持ちをこめてぎゅっぎゅっとにぎります。おかかおむすびを食べた子どもは、なんとなく安心して笑顔に戻ったものでした。

敏感な方は料理を見ただけで、それがどんな心で作られたのかわかります。喜びの心で作られた料理は、ワクワクほくほくと輝いて見えるのです。自分の体を強くするものなのか弱くするものなのか、心を明るくするものなのか冷たくするものなのか「感じよう」とすれば、だれでもその影響を感じられるはずです。

料理はテクニックではなく、作った人の心の状態で味が決まります。単に高級料理や家庭料理がいい、ファミレスがダメということではありません。ですから、作りたくないときに無理に作らないほうがよいのです。

1

食材を
ほめながら
料理しましょう。

2

直に手でさわって
作る料理には、
愛情がたっぷり残ります。
なかでもギョーザは
みんなが大好きな
パワーフードです。

3

なるべく
心臓の近くで
作業しましょう。
心が伝わります。

料理前、10秒で自分を整えてみましょう。

現代の私たちの心と体に満載している、「急がなきゃ・忙しい・疲れた・困った・あれをやらなくちゃ」などといった雑味のあるエネルギーを、料理の前に10秒で整えることができます。

まず東を向き、「東の神様ありがとうございます」と心で唱え、軽く一礼します。声に出してもかまいません。

次に南を向き、「南の神様ありがとうございます」と唱え、一礼します。このまま、「西の神様・北の神様ありがとうございます」と続けると、体が一点でぐるっと一周することになります。

次に上を向いて「空の神様ありがとうございます」と言うのですが、これは太陽でも月でも銀河でもご自分の好きなイメージでかまいません。子どものような心で空に御礼を言います。

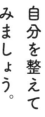

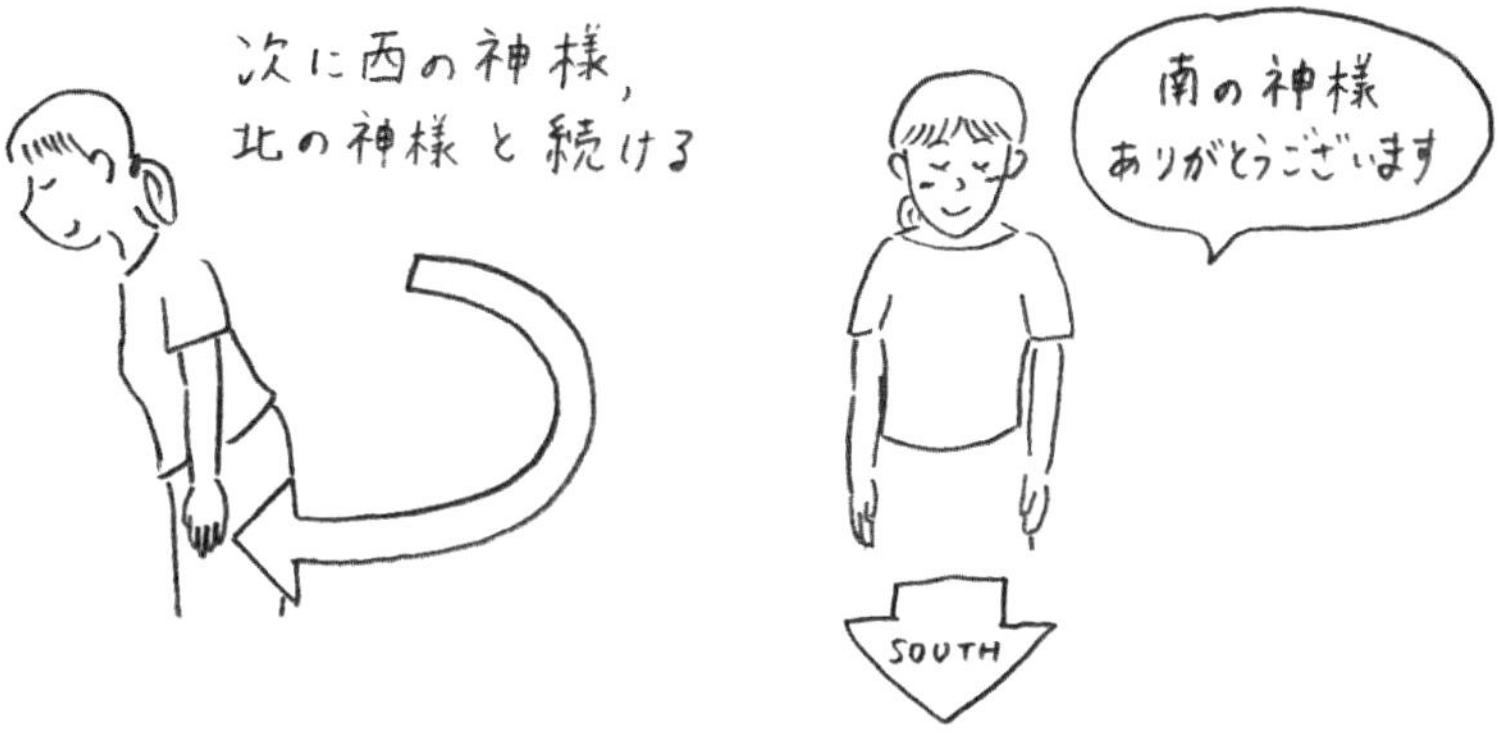

次に下を向いて「地の神様ありがとうございます」と御礼を言います。これも同様に、地球・大地・稲穂・畑など、やはり、自分のピンとくる好きなものを思い浮かべてください。

さて、ここまででほんの10秒です。いかがでしょうか。

私は無宗教で八《や》百《お》万《よろず》の神様が大好きなだけなので、これらの言葉を選びましたが、ほかの言葉でもよいと思います。春の神様、夏の神様、秋の神様、冬の神様など季節を尊ぶ言い方も雅《みやび》ですし、「神様」という言葉を使わなくてももちろんかまいません。
ひとまず、各方位に6回の御礼を言うのに適した言葉がこういう表現だというだけの話です。

疲れていたり、焦っていたり、イライラしていたりするときは、

料理前にさっとやってみましょう。
それも難しいときは、月に1回でも、半年に1回でも大丈夫です。たまに神社にお参りするような気持ちで、無理のない自然な頻度でやってみてください。

この6方位へのあいさつは、体を短時間で一回転・一周させることに意味があります。心の偏《かたよ》りをわずかな遠心力を使い、揺さぶることができます。体操とまでは言えませんが、チューニングの働きがあるような気がしています。

どんな人も、毎日、いろんな心と体の状態で生きています。

・自己卑下の気持ちから脾臓周辺のエネルギーが小さく分散されてしまっていて弱々しい
・孤独や悲しみから肺のエネルギーが伸びやかでなくなり気道

も狭い

・自分にとって飲み込めない言葉を言われて胃が縮こまってしまっている

・心臓あたりに木箱にしまったような後悔の念がある

など、心身に重いものを抱えて不調な日があるのは当然なのです。

頭に固く残ってしまう強迫観念のようなものや、自分の足元がぐらつき人生の道に迷っているエネルギー状態など、さまざまな揺らぎや固着を、ほんの少し、料理を作る直前だけ、かんたんに修復をしようというのが、この六方位へのあいさつなのです。

なんだか悩んでいてもバカバカしいし、天と地に神様がいたよな、などと、思い出してもらえたら心も軽くなりませんでしょうか。

簡素な献立でも、海、山、陸のものがそろっていたら、大ごちそうです。

家事のなかでも多くの方が頭を悩ませるのが献立のようです。そしていちばん「効率化」に走りやすいのも献立作りです。ですが、**「やりたいことをやりたいときに」が効率を高めるいちばんの近道です。**

縛りやルールは、少なければ少ないほどベターです。

食べたいものを食べたいときに食べる。
作りたいときに作りたいものを作る。

体と心が欲する食材を買い、喜びとともに調理します。寒い日に生野菜を食べたいとは思わないでしょうし、落ち込んでいるときにあたたかいスープを飲みたいと思うのは、自然な欲求です。

広い世界のなかでは、食べたいものを自分で作ることも、子どもに料理を作ってあげることもできない人が、たくさんいます。

もしいま、あなたが食べたいものを食べたいときに食べられる自由を享受されているのでしたら、有り難く感謝の気持ちを持ってその自由を行使しましょう。

私自身が献立を考える折には、友人から教わった「海のもの」「山のもの」「陸のもの」という考えが好きで、念頭に置いておりました。

海のものは、魚介類、海藻類。

山のものは、キノコ、山菜、木の実、果物、タケノコ、梅干しなど、山や木からの恵み。

陸のものは、畑でとれる野菜や大豆、穀物、果菜、お肉や卵など。

こんにゃくを煮て、鮭を焼いて、お豆腐となめこのお味噌汁を添える。

豚肉の生姜焼きにキノコと野菜のサラダ、モズクのスープを付け合わせる。

とてもシンプルですが、海のもの、山のもの、陸のものが食卓に並ぶだけで、あれこれ手間をかけなくても、自然と心が満たされる献立になります。

海、山、陸の献立は、あまり細かく考えなくていいというのが長所です。野菜炒めとごはん、油揚げとエノキのお味噌汁、納豆を用意したところで「あ、今日は海のものがないなー」と思ったら、納豆に海苔をちぎって入れてにっこりすればよいのです。

海、山、陸の春夏秋冬の献立

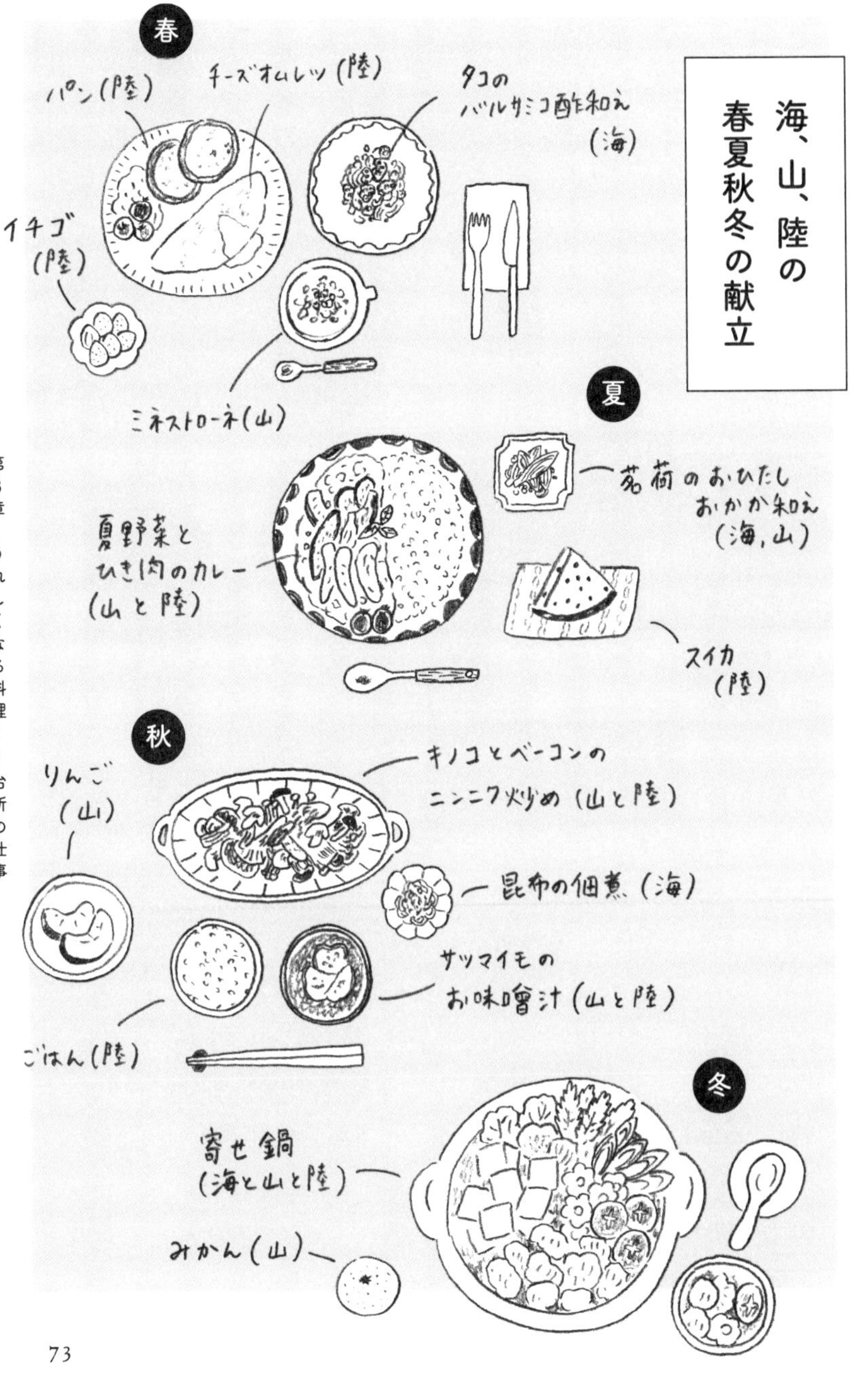
春
パン（陸）
チーズオムレツ（陸）
タコのバルサミコ酢和え（海）
イチゴ（陸）
ミネストローネ（山）
夏
茗荷のおひたしおかか和え（海、山）
夏野菜とひき肉のカレー（山と陸）
スイカ（陸）
秋
りんご（山）
キノコとベーコンのニンニク炒め（山と陸）
昆布の佃煮（海）
サツマイモのお味噌汁（山と陸）
ごはん（陸）
冬
寄せ鍋（海と山と陸）
みかん（山）

食材との出会いを大切にすると、臨機応変のワクワク感で食卓のエネルギーが高まります。

献立をあらかじめ決めて買い物リストを作る、2週間分の献立を計画しておくなど、効率化の提案を目にすることがあります。そういったやり方に助けられることもあると思いますが、計画しすぎると苦しくなるのではないでしょうか。

予定を立てすぎると、予定が狂ったときのケアの必要性が出てきます。

「予定通りできなかった」と思うことは落胆と失望を生み出します。

家族に愛を転写する素晴らしい家事である料理において、がっかりした気持ちはないほうがいいのです。

また、天気、気温、湿度は毎日変わります。

人間の心や体の状態も予定通りとはいきません。

スーパーで待っていてくれる野菜や魚も、日ごとに違うのが自然なことです。

私がいちばんいいと思う献立の決め方は、「素材にひとめぼれ」です。

あらかじめ献立を決めるのではなく、買い物に出かけたときに、あなたの感性や細胞が、「なんとなくいい！」「光っているように感じる！」という食材と出会えたら、その幸運に感謝しつつ、食材を生かす献立を考えてみましょう。

「今日の買い物リスト」にブロッコリーが入っていたとしても、スーパーで出会ったブロッコリーがすごーく小さくて元気のない状態だったら、となりのいきいきとした白菜を買ったらいいと思うのです。

偶然、白菜・春菊・新鮮なタラと出会えて、お鍋の材料がすべて買えたならそれは素晴らしい奇跡なのです。

旬の野菜はもちろん強くて明るいパワーを持っていますが、エネルギーには個体差があるので、ハウス栽培のトマトでも光っていて元気だったら家に連れて帰りましょう。

予定変更はおおいに歓迎。料理はライブです。

太陽、水、土、作り手の愛情をたっぷり浴びて育った野菜には「私を買って！」とでも言いたそうな凛々《りり》しいオーラがあります。

光っている野菜を見つけたら、右手でも左手でも、自分で少し敏感だと感じるほうの手で持ってみます。

自分がリラックスするような感覚が湧くこともあるでしょう。「おいしそうだな、いいな、気になるな、ワクワクするな、ずっと持っていたいな」

これでじゅうぶんです。

反対に、なんとなく、自分が収縮してしまうようなエネルギーや、「ん？　なんだか長い時間手で持っていたくないな」と感じるものもあるかもしれません。それが答えです。その小さな「ん？」に反応していくだけです。体の「ＮＯ」という声を頭で考えずに拾っていきましょう。

家族のリクエストを聞いてみましょう。「リクエスト献立」には、健康とご機嫌のヒントがたっぷりつまっています。

知人の10歳の息子さんの話です。ある日彼が、『すっぱいナス』食べたい！」とリクエストしてきたそうなのです。学校行事が続いて疲れていたせいか「冷蔵庫の梅干しをすべて食べてしまっていた」ほどすっぱいものを欲していたとか。

「すっぱいナス」とは、そのご家庭の定番料理。蒸しナスを一口大に切って、ごま油、たっぷりの酢、おしょうゆで和えただけのものだそうです。

家族のリクエストで献立を決める、というやり方は喜びを生みます。

同じ家族でも、人間は生まれ持った体質や血の構成もそれぞれに違うので、すっぱいものが好きな人もいれば苦手な人もいます。

私の娘は山盛りの生野菜サラダをよくリクエストしていました。娘と暮らしているあいだは、週に何度もサラダを作ったものです。でも夫はそれほど食べません。夫婦ふたり暮らしのいまは、温野菜をとることのほうが多くなりました。

各人のリクエストには「体が何を欲しているか」のサインが示されています。

家庭内カスタマイズ、マイオプションをつけるのは、家族の健康とご機嫌のもとなのです。どうぞ「わがまま」ととらえないよう、お願いしたいものです。

日本の教育は、「出されたものは残さず食べましょう」というものでしたが、人によって、これが食べたい、これは苦手、これはたくさん、これを少なめと求めるのは、自然な欲求であって決してわがままではありません。

小さい子どもであればあるほど、「体と心が欲している食べ物」をよくわかっていますし、みんなの意見を取り入れると食卓があたたかなエネルギーで満ちていきます。もちろん、作り手の負担になってしまってはいけませんので、できる範囲で。

「何が食べたい？」と聞くのもよいですが、

「鮭のムニエルと野菜炒め、どっちがいいかなあ」

「今日は寒いからシチューにするかお鍋にするか迷ってるの。どっちがいい？」
と、具体的なメニューを提示すると、会話そのものからも喜びのエネルギーが湧き出ることでしょう。

1

偏食をゆるす

好き嫌いゼロを目指さなくてもOKです。苦手なものを苦手と言える家庭は、人をゆるせる人間が育ちます。無理やり食べさせられたら、無理に人に「何かしなさい」と言う大人になります。

2

おいしさを試す

小さなチャレンジで好き嫌いが減ることがあります。10回に1回、ひと口、少しずつおいしさを試してみましょう。

3

大きなお皿で

大皿料理は作り手の手間が省けます。何よりその日の人気ナンバー1メニューがわかります。はしが進むメニューを知ることで、ますます「うれしい食卓」になります。

「わ！
あれあるんだ！」
「あ、これ買って
おいてくれたんだ！」
うれしくなる
冷蔵庫は、
笑顔を生む箱です。

我が家の冷蔵庫では、夫の目の高さの棚に大好物のビールを並べてあります。するとトビラをあけた瞬間「わ♡」と言葉にならないうれしい気持ちになっているのが伝わってきます。

冷蔵庫には家族の身長を考え、「好物」を置いてみましょう。

お子さんの目が届くスペースにプリンやヨーグルトを並べたり、冷凍庫をあけたらアイスクリームがぱっと目に飛び込んできたり。**トビラをあけたときに、「わーい！」「うれしい！」という気持ちを生み出せたら大成功です。**少しだけ家族の気持ちを想像すると、冷蔵庫が「笑顔を生む箱」になります。

あるご家庭では、夏のあいだ、冷凍庫に10種類ほどのアイスを常備するそうです。コンビニのアイスケースみたいに多種多様、色とりどりのアイスを、「どれにしようかな！」と毎日ひとつ選ぶことが、子どもはもちろん大人にとっても楽しい瞬間になっているとか。

また、冷蔵庫の配置に細かいルールはいりません。**すべての食材がこちらを向いていて、コミュニケーションが取りやすければOK**です。あけたときに野菜やお肉、お豆腐や納豆とぱっと目が合えばよいコミュニケーションが取れているといっていいでしょう。

食材にも「心地いいパーソナルスペース」がありますので、レタスやきゅうりやお肉が、ぎゅうぎゅうで苦しくなるほど詰め込んではいけません。奥に隠れて見えない子は、さみしい食材になってしまいます。

みんなにとって一目瞭然の配置は大切ですが、整理整頓しすぎたり、「これはこの段!」と、場所を決めすぎると苦しくなります。

食材と良きコミュニケーションを取っていれば、わざわざジャンル分けの収納をしなくても、自然と心地よい場所に分かれていくはずです。

うれしくなる冷蔵庫にしてみましょう。

食材と目が合う。
食材が苦しくない収納にしましょう。

各自の目線に合わせて大好物を配置すると、
開けた瞬間 うれしくなります！

鍋ごとドスンと入れましょう。
お味噌汁もこんにゃく炒めも
すぐ火にかけられてこの上なくラクです。

住む人のテンションが上がると、
愛のエネルギーが増大します。

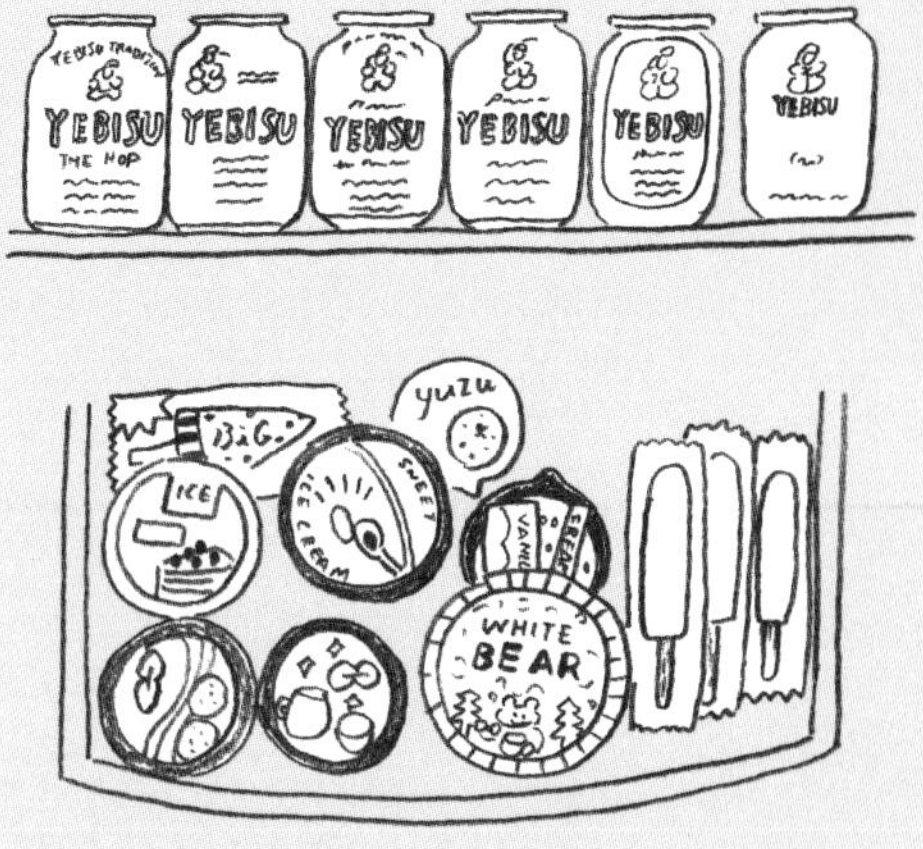

お店のアイスクリームケースのように、
酒屋さんのショーケースのように、
選べる楽しさを演出しましょう。

作り置きは、家族の大好物、メガヒットメニューにしましょう。

明日のために作り置きのおかずがあると気がラクになります。

作り置きといっても2日分くらいでしょうか。

2日目までは「おいしくうれしく食べる」ことができていても、3日目は惰性で食べる感覚になりがちです。

作り置きにするのは、家庭の「メガヒットメニュー」がいいと思います。

家族がいつも「うれしい！」と思える、飽きない作り置き定番が冷蔵庫に入っていれば、それだけでにっこりできます。

「メニューのバリエーション」を気にされる方もいらっしゃいますが、**家族の本音は「おいしければ、なんでもいいよ」**。

「またすぐ食べたい！」「おかわりしたい！」と思えるものであれば、週に2回野菜炒めを作ってもいいのではないでしょうか。

メガヒット作り置きメニュー

1 こんにゃくの煮物や筑前煮、おでん

時間が経つほどにおいしくなるもの、煮直しておいしさが増す料理が定番化しました。煮直すときはお水を少し足します。新鮮な水のパワーを入れるのです。

（著者）

2 たことキュウリの酢の物

たこをうすくスライスしてお酢を多めに砂糖とおしょうゆは少し。2日分と思って多めに作っても、1日でペロリと食べられてしまうこともあります。

（編集・Hさん）

3 ゴマ入りひじきの煮物・水菜添え

冷蔵庫をあけてひじき&水菜があると、ふわっと笑顔になるメニューなのです。

（著者）

4 たたききゅうりの梅おかか和え

きゅうりを板ずりして棒でたたきます。梅干しの種を除いたものを刻み、おかかをたっぷり、最後におしょうゆで味付け。子どもたちの大好物です。

（編集・Hさん）

光り輝くごはんを炊き上げるために、お米は両手で研ぎましょう。

お米の持つ素晴らしいエネルギーをつぶさない炊き方をご紹介します。このやり方でお米を炊くと、3日間光り輝くごはんが炊き上がります。

まず、お米は、宝石を扱うように大事にさわること。炊飯釜やボウルに入れるときに、ザッと投げ入れないようにしましょう。

このとき、感謝の気持ちを言葉にします。

計量カップに3杯、3合でしたら3回、「ありがとうございます」と言うチャンスがあります。これが大事です。だれにも迷惑をかけませんし、言うのは無料ですから、言うだけ言ってみましょう。

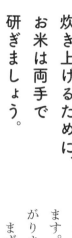

次に、お米を研ぐときのお水ですが、いきなり水道水を使うのはおすすめできません。塩素のチクチクとしたエネルギーをかけてしまうのはもったいないからです。

浄水器を使うなど、各ご家庭で準備できるなかで最高の飲み水をお米にかけてあげます。炊くときはミネラルウォーターにしている

方でも、最初の研ぎ水を水道水にしていることがあります。お米は乾物です。かわいた食品をお水で戻すとき、最初に浸透する水をおいしい水にするとエネルギー値がぐっと上がります。

お米に水をそっとかけていきます。まんべんなく水がいきわたったら、ここから少し違うやり方になります。

水にぬれたお米を両手で包んで自分の体に近づけます。両手でお米を慈しみながら言葉をかけていきます。

「ありがとう」「うれしいです」「有り難くいただきます」

違和感のない言葉を伝えてあげてください。しっくりくる言葉を自分のなかから紡ぎませんと、「矛盾」というエネルギーがお米に残ってしまうからです。もし、言葉をかけることに抵抗があるようでしたら、手のひらにお米を慈しむ思いをこめるだけでも大丈夫です。

まんべんなくお米にふれ、これでよいと感じたら、お水をきれいにして、いつも通りに炊きましょう。

以上が光り輝くごはんの炊き方です。

家庭科で教えてもらったのは、利き手の指先だけでかき回したり、キュキュッと手のひらで押したりするような研ぎ方でしたが、あるとき、従来のやり方では手のひらからじゅうぶんに心が伝わらないとわかったのです。

まず、遠いのです。体の中心から腕1本分、60センチ近くも離れた位置で研いでしまっています。しかも片手です。

本当に大切なものは両手で胸の前に抱き、落とさないように持ちませんか？

全身を使ってその物を抱くのが愛する物への姿勢です。

お米を大事なものとして考えたとき、自然と両手で胸の前でお米を包むよう体が動きました。
かわいい、かわいいと言いながら、つやつやになるようにとお米を見つめ、両方の手のひらで包みます。外側のお米は手のぬくもりと言葉を見事にキャッチしますので、中と外を入れ替えて、手でふれていないお米たちを手のひらで順番に包んでいきます。

さあ、炊き上がったごはんを見てください。あなたがかけた言葉を喜ぶお米たちが、こちらを見ています。ひと粒ひと粒が、元気に満ちてわいわいワクワクと、勢いのあるごはんになりました。

我が家でこの炊き方をすると、電子ジャーに3日間保温していても臭みも抑えられ、驚くほど甘く滋味のあるごはんになります。友人もこの炊き方で「ごはんが長く持つようになり、毎日炊かなくてもよくなった」と報告してくれました。

外食や出前を積極的に頼りましょう。だれかのパワーに助けてもらうのは、素晴らしいことです。

つぶれた心で作られた料理は、光が出ていません。せっかくの野菜やお米やお肉のエネルギーが、さわる人によって力のないものになってしまうのは、大変残念なことです。

疲れすぎて、疲労が限界を超えているときは、どうぞ気持ちよくだれかのパワーを借りましょう。ピザをとるのもいいでしょう、おそばやラーメンの出前も最高です。

私自身、おそば屋さんの出前に何度命を救われたかしれません。大げさでなく「命を救われた」と思うのです。

出産したばかりのころ、小さな洋食屋さんを開きました。シェフは夫、私が接客という完全な家族経営の自営業です。朝から晩まで立ち働き、お店はピカピカに掃除をしていても自宅はそうはいきませんでした。

0歳児といっしょに自営業スタートという過酷な毎日。疲れすぎ

出前のおそばは救いの神。
熱々のおつゆをすすって
パワーチャージ！

てふっ飛んだ意識のなかで、家族の心と命を守るには、人の力を借りるしかない瞬間が何度もありました。

でも「こんなにもできないんだ！」という苦しみが幸せだと気づいたのです。料理が作れないほど、お店での仕事や赤ちゃんに、大きなエネルギーを注いだなら、もうそれでじゅうぶんだと思えました。

おそばの出前を頼んで、「いただきます」と手を合わせるとき、心からホッとすることができました。食べ終わったあとはあたたかいエネルギーが体に満ちていました。

掃除より、片づけより、食べることが大事です。**食事を作れないときに、人のエネルギーを借りてチャージすることは、最高で最良の選択にほかなりません。**

疲労の底をタッチしたあと、少し回復してきたら、その次にスーパーに買い物に行って、何も考えずに自分の好きな物をかごに入れましょう。甘いお菓子でも果物でもなんでもいいのでご自身の好きな物を買って帰ります。添加物の心配もしなくてかまいません。甘いケーキを食べすぎて歯茎が腫《は》れるころには、元気になっているでしょう。

ここまでくると「食材を吟味する力」が戻ってきて、ようやく料理ができる心と体の状態にまで回復している、ということになります。

そして、また買い物に行き、今度は食材を買ってきます。

冷蔵庫に食材が入ると、日常というものが戻ってくるのです。

疲れているときに限らず、外食することはとてもいいことです。外食は人様のエネルギーをいただくことだからです。人様のエネルギーを味わうことで凝《こ》り固まった体や心が思いのほかほぐれるのです。

ただし、どこの店でだれが作ったものを食べるのかは重要です。あなたの冴えた直感を最大限に働かせ、「なんとなくいいいな」と感じるお店を選んでください。

一概にファーストフードやファミレスがダメで個人経営のお店がいいということでもありません。もちろんチェーン店の企業精神は供される料理にあらわれますが、そこで働く人たちが食材をどんなエネルギーで扱っているかということが、何より大事だからです。

感度の高い知人は、同じチェーンであってもお気に入りの店がある一方で、入れない（入りたくない）店舗があるそうです。

「なんとなくいいいな」と肌感覚で感じるお店を探すと、きっと愛のエネルギーに満ちた食事を外でも味わえます。

本からのインスピレーションで料理を作ってみましょう。料理にこもった愛情が何層にも重なります。

娘が幼いとき、親子で絵本を1000冊読みました。1000冊のなかに、エリック・カールの世界的なヒット『はらぺこあおむし』があります。ある日、あまりにサラダが好きな彼女に「まるであおむしみたい」と笑って以来、今日の夕食の献立は何がいいかと聞くと、彼女は「あおむし！」と答えるようになりました。

サラダを作るとき、エリック・カールの美しい絵の世界を、一瞬でも思い返すようにしています。良き思い・思念を浮かべますと、手からその思いが食材に伝わるからです。

知人から伺った話です。

土曜日の昼下がり、「今日のお昼はそうめんにするよ」と10歳の息子さんに伝えたら、

「お母さん、オレ、これ食べてみたい！」

と大好きなマンガ『3月のライオン』のページを差し出してきた

料理本を眺めていると、周辺がワクワクとした喜びの空気に包まれます。

そうです。ひなちゃんとおねいちゃんが、お肉とお野菜をごま油でジャジャーッと炒めて、水とめんつゆを投入！　冷たい水でしめたおそうめんと、熱々のつけつゆで勢いよく食べるひなちゃんの描写がワクワクとした食欲をそそります。

「作ってみたら、本当においしかった！」

その作品の楽しさ、あたたかさ、作者が作品にこめた愛情が、料理をする人に伝わり、料理にも伝わった素敵なエピソードです。

絵本、マンガ、小説はもちろん、レシピ本からも「お料理したいな！」「これを作ってみたいな！」というワクワク感を受け取ることができます。

液晶画面よりは印刷物のほうがよりパワーが高いので、本屋さんに出かけて、「おいしそう！」「楽しそう！」「作ってみたい」と感じる本を1冊買ってみてください。

選ぶときは「気が合いそうだな」と思う著者のものを選びましょ

う。レシピには著者の性格や信念がこもっていますので、プロフィール写真を見て「素敵な人、好きだな」となんとなく感じる人の本がいいと思います。

特製はらぺこあおむしサラダ

サニーレタスかグリーンレタス／ベビーリーフ／トマト／千切り大根／軽く火を通した千切り人参／ブロッコリー／きゅうり／玉ネギスライス少し／ナッツ類（クルミ・アーモンド・カボチャの種）／季節によっては青じそ

①葉をちぎるときがいちばん大事。ご機嫌なテンションで鼻歌を歌いながら、「楽しいね、おいしそうね」と、とにかくたくさん野菜に愛情のある言葉をかける。

②市販のフレンチドレッシングに亜麻仁油を2～3割混ぜてから、海塩を混ぜる。食べる20分ほど前に、洗って水切りした野菜全体にかけて混ぜ合わせる。直前にレモンをサッと絞ると良い香りが立ち上がる。

はらぺこ
あおむし

オーガニック野菜を試してみませんか。ひらめきが冴え、直観力がアップします。

食べ物の持つエネルギーと向き合うなかで、オーガニック野菜のパワーには目を見張るものがあると気がつきました。

かかりつけの鍼灸師の先生に「ピーマン一袋でもいいから始めてください」とアドバイスされて、試しに無農薬のピーマンを買ってみたのがきっかけです。そのピーマンを豚肉と炒めたら、目が覚めるような味だったのです。

うれしいことに、オーガニックのサラダや野菜を食べたあと、突然に答えや言葉が降ってくるというような体験が日常茶飯事となりました。

ひらめき、直観力。

これは、だれもが本来持ち得ている能力だと思います。

「ひらめき」というと、空から受信するようなイメージがあると思いますが、太陽に向かってぐんぐん伸びているほうれん草などの葉物野菜を食べたあとに特にひらめきが冴えることを考えたら、やはり正しい感覚なのではないでしょうか。


ふと思いつく。

ふと気がつく。

ふとやってみる。


そんな何気ないことが、人生の大事なきっかけになります。

ビジネスでの成功も人間関係も、直観がすべてといっても過言ではありません。

神経質にオーガニック生活を送らなくてもいいと思います。

私自身も「無農薬野菜しか食べない」なんて厳しくやっているわけではなく、買えるときに二駅先の有機野菜を扱うスーパーに寄って、光り輝いている野菜と出会ったら、家に連れ帰ってくるくらいです。外食もしますし、近所のスーパーで買う場合もあります。

ピーマン一袋、トマトひとつ、300円程度からオーガニック野菜を買うことができますので、ぜひ試してみてください。

オーガニックをおすすめする私ですが、「オーガニック刑務所」に入ってはダメだと警告します。オーガニック刑務所とは、「オーガニック以外を食べたら悪いことが起こる」という呪いの檻《おり》のことです。オーガニックを理由に自分を隔離《かくり》することは、オーガニックの恩恵である冴えた直観力を逆に鈍らせます。

友人が、

「何を食べても平気な体にするためにオーガニックを食べる」

と言っていて、なるほどなと膝を打ちました。

選ぶときは、あなた自身の手のひらで感じる感覚が大切です。オーガニックほうれん草がしなびていて、普通のほうれん草がピカピカと輝いて感じたならば、輝いているほうを買うのが大正解なのです。

調理器具は長い友だちです。いつもさりげなくそばにいて、あなたを支えてくれます。

私の調理器具は、ほうろうのお鍋も、レードルも、はじっこがこげたプラスチックのざるも、共通点があるとしたら、「30年以上使っている」ということです。その最たるものは菜箸。こげて短くなっているのに、新しいものを買う気にはならず、結婚以来1組の菜箸で通しています。

あなたのご家庭にも、ブランド品でもない、特別おしゃれでもない、でも、**何かを作ろうとしたときにスッと手が伸びるお鍋やフライパン**があるのではないでしょうか。

こげたお鍋でも、愛すべき老犬のような親しみを感じていて、それをまったく汚いとは思わないはずです。むしろかわいくて大好きで「あなたじゃなきゃダメ」で……。私の菜箸も30年来の大事な友だちです。

使っていない調理器具は手放していいのですが、毎日使っている長年の友は愛をこめてつきあいましょう。リフォームや引っ越しと同時に「新しいお鍋」「新しいボウル」に一新するのは、さみしい

ことです。

幼なじみの友だちを捨てたり選別したりしないのと同じように、料理を支えてくれている調理器具たちは、さりげない関係であっても長く大切にしたいものです。

そんな話を知人にしていたら、ハッとして「愛すべきフライパンが家にもあります。毎日無意識に使っていたけれど長年の友だちです……」とのこと。気の合う相棒みたいに、考えなくてもおたがいの呼吸がわかるというのです。

大げさですが**「運命のフライパン」**ですよ、とお伝えしました。その晩、彼女はその「運命のフライパン」に、うすーく油を塗りながら「いつもありがとう」と声をかけました。すると、翌日から、さらに輝いてよい仕事をしてくれたそうなのです。

「いつもありがとう」とわざわざ言わなくても、無意識下で「使いやすい」と感じていることを、彼らは喜んでくれています。

そんな長年の相棒を手放すときは、なんとなくわかります。「もう卒業させていいんだ」と伝わってくるのです。お疲れさま、ありがとう。心をこめてお別れしましょう。

1 笑う食器洗い

お茶わんをきれいに使い、ていねいに洗うことができれば、自分のことを尊ぶ人間になっていきます。物への感謝が自分の心をきれいにします。そこに笑顔があれば、こんなに素晴らしいことはありません。

2 子どもは割らない

小さな子どもに陶器を使わせても落として割ることはほとんどありません。割るのは大人です。お皿洗いには、「なんで私が」という感情が湧きやすく、その気持ちによってお茶わんが手から離れてしまうのです。

3 音楽と料理

料理をするときに音楽の持つ愛のエネルギーを分けてもらいましょう。私は初夏にミネストローネを作るときバッハを聴きながら野菜を刻みます。バッハは新緑の芽吹きの季節に合う音楽で、それに合わせて野菜を切ることで、スープに楽しみや喜びが入るような、そんな気がしています。

かんたんにすませたいとき、自分の心を優先したら、かんたんな料理が深い愛に変わります。

料理は作り手の愛を転写することであるとお伝えしてきました。喜びの気持ちで作られた料理は、食べる人に力を与えます。

でも、人間いつでも喜びに満ちているというわけにはいきません。風邪を引いていたり、悩みがあったり。女性の場合はホルモンバランスの乱れでイライラしたり、生理痛がつらかったりすることもあるでしょう。

仕事が忙しく、予期せぬトラブルに見舞われて、夕方へたりこみたくなる日もあるかもしれません。

そんなとき、私は料理はしませんでした。

怒りながら作った変なエネルギーのものを、家族に食べさせたくなかったからです。

家族に、「今日は○○な理由で料理をお休みしたい」と話すことは、実はとてもいいことです。家事を担当する人をいたわる気持ちも生まれて、料理をしないけれども、静かな愛のエネルギーが満ちていきます。

家事ができないときは
穏やかに
説明しましょう。
今日はこういう理由で
料理できないの

料理が「やりたくない作業」になってしまうならば、前述したとおり外食してだれかのエネルギーを借りましょう。

やりたいことをやりたいときにやっていれば、家はきれいに、ごはんはおいしくなる。

これは真実です。

時間をかけたい日はかければいいし、かけたくない日はかけなくていい。

かんたんにすませたい日に、自分の心を優先したら、かんたんな料理が深い愛に変わるのです。

品数が少なくても、おむすびひとつ、お味噌汁一品に、愛をこめる。それが決して「雑」ではないのはわかっていただけると思います。

「家を愛のエネルギーで満たす」という見地から料理を考えても、

おいしいお味噌汁を一品だけ作るという仕事は、素晴らしいことです。一品であるがゆえ、思いをこめることに集中できます。

元気なときも疲れているときも。

春夏秋冬いつでも。

ひとつの汁物を心をこめて作ることから、エネルギーが整っていきます。

正しい作り方というようなものはありません。ただ使うお水には注意をしてみてください。水道水は日によって塩素がキツイことがあるので、ろ過水やミネラルウォーターを使いましょう。

具は多ければ多いほどいいと思います。何しろ一品だけですから。

そこに愛をこめてにぎったおむすびを添えられたとしたら、もうそれだけで最強です。

家族のぶんはラップではなく素手でにぎりましょう。おかか、梅干し、昆布。定番の具がうれしいものです。

具たくさん野菜の味噌汁

大きな鍋に、これだけあれば野菜が全部足りる！というほど入れるのが秘訣。

玉ネギ／ゴボウ／にんじん／大根／キャベツか白菜／じゃがいもか里いも／キノコ類／豆腐／油揚げ／わかめ／長ネギ

① 玉ネギは火の通りが悪いので、鍋底に少しの水を入れて玉ネギから先に火にかける。そのあいだにゴボウをささがきに切って水にさらしておく。

② 次に、にんじん、大根、キャベツや白菜などを切る。鍋に水を足し、ゴボウ、にんじん、大根を入れて、イモ類の皮をむく。

③ 最後にもう一度水を足し、イモ類とキャベツや白菜を同時に入れて15分煮る。玉ネギを入れてからは25分ほど経っているので、できあがりはちょうどよいやわらかさ。ラストの3分で、キノコ類、油揚げ、豆腐、長ネギ、わかめを入れて味噌を入れる。

お出汁《だし》は、友人から教えてもらった、茅乃舎《かやのや》さんの出汁を使っています。茅乃舎さんのお出汁は、個包装の袋を切って入れると「あご」の骨などもいっしょにいただけるすぐれもの。

第4章 太陽と水のパワーを享受する——洗濯と入浴

1日の疲れを
水の力で
洗い流しましょう。
洗濯も入浴も
素晴らしいリセットに
なります。

この章では、洗濯と入浴についてお伝えします。入浴は家事とは直接の関係はありませんが、「古い汚れを水の力で落とす」という点で共通するので、同じ章でご説明させていただきます。

衣類を洗うことには、どんな意味があるのでしょうか。人間の体から出た汗や皮脂は、肉体にとっての不要物です。口から食べ物を通して摂取した添加物や金属・ミネラル・乳酸・尿素など、不要なものが汗によって排出され、衣類が吸収します。汗だけではなく、自分のその日の思念のようなものも、身に着けた衣類に残っています。

昨日のTシャツや一度脱いだ靴下を、再び着たくないなあ、はきたくないなあと思うのは、不要物と自分自身の古いエネルギーが残っているからなのです。

それを水の力で洗い流すのが洗濯です。

洗濯というのは実に素敵なことだなと思います。

体にとっての不要物や昨日の思念を吸い取ってくれた衣類。そんな下着や洋服を水の力で洗い、太陽のエネルギーを与えてかわかす。するとまたその服を着たときに、わくわくします。

リフレッシュ、リセットのパワーをくれるのが、洗い立ての衣類なのです。

同じように、1日の終わりに体についた汗や皮脂、古い思念をお風呂で洗い流すことは新しい自分になることです。

悩んだ日も、疲れた日も、水の力を借りてリセットし、またまっさらでピカピカの1日を始められる、素晴らしい切り替えを作ってくれるのが洗濯と入浴なのです。

背中は洗濯で整える。まっすぐな背中は、干すときの5秒の思いやりで作られます。

心の乱れは、実は、背中（背骨）に出ます。

背中というのは、本人からは見えないところです。

その人のエネルギー状態も、生活ぶりも、服のしわやほこりなどから知らず知らずに語られる場所です。

背中の佇《たたず》まいには魂の自由や意志の強さ、生き方や愛情などたくさんの情報が表れます。肩をいからせていない、伸びやかな背中の方は、自分の中心軸をしっかりと持っています。そして、まっすぐな背中の持ち主は、しわのある服を着ることができなくなります。

我が家でも、娘がまだ幼いときに「背中にしわのある服を着ないのよ」と話をしておきました。この言葉について、彼女が高校生に成長したときに「お母さんから教えてもらった大切なこと。だからずっと大事にしてきた。本当にそのとおりだと思う」と話してくれました。

思えば服を丸めない子でした。幼いときから自身のエネルギーの

肩の縫い目を
ハンガーに合わせて
裾をパンとするだけで
「まっすぐな背中を
つくる服」に。
Peace

整え方を「服から整える」ことで実践していたそうです。

町で見かける子どもがなんでもないTシャツをまっすぐに着ているだけで、なぜかその子のオーラや気が整っていることがあります。Tシャツがまっすぐだから元気なのか、Tシャツをまっすぐに着せられるようなエネルギー値の高い家庭環境だから元気なのか、その両方の相乗効果があるとは思います。

肩線も首もよれてしまい、なんだか斜めに着ている子を見ますと、干すときも斜めだったのかな、洗濯バサミのあとがひきつれてついているな、干す人の心がどんなエネルギーだったのかなと思いを馳《は》せたりもします。

洗濯を通して、自分と家族の「背中」を整えることができます。

適当に干さず、干したあとに肩を合わせ、まっすぐ裾をぱっと整えるだけです。ほんの5秒ほどでできる思いやりです。

幸せな洗濯が、
幸せな衣類を
生みます。
にこにこ、
いい気分で
仕事しましょう。

洗濯物を干すとき、たたむときに、衣類をぞんざいに扱うことがないようにと思います。手からはその人のエネルギーがあらゆる物に伝わるからです。

気持ちいいと感じて干せば、弾んだエネルギーが衣類に残ります。

はじめはよくわからないかもしれません。それは、皮肉にも、すごくイライラして洗濯物を干したあと、その服を着たときに自分の機嫌が悪くなった、なぜか落ち込んだ、けんか腰になったというふうに、あとから気づくことだからです。

いつもありがとう、いつも幸せ、いつも元気、いつも楽しい、そういった言葉を心に思い浮かべて洗濯物を干したら、そのエネルギーは確実に「いい気分」として衣類に残ります。

その衣類を着たとき、幸せないい気分が自分の体に反響し、外にもにじみだします。

「明るい表情の服」「笑顔の服」というのは、衣類をデザインした人やメーカーの在り方はもちろん、洗濯をする人の気持ちをこめることでも作られるのです。

着ていた人が、一生懸命遊んだり働いたり動いたりしたぶんだけ、衣類は汚れて、布は擦《す》り切れます。

それは悪いことでなく、有り難いことです。

小さな袖、大きな袖、まるまったままの靴下、ズボンについた泥など、すべてが愛おしいと思います。

こんなに遊んできたのを助けてくれてありがとう。
こんなに仕事してきたのを助けてくれてありがとう。

そう衣類や靴下に言えたら、その物とあたたかい交流ができたことになります。そしてクローゼットの洋服たちが、ただの衣類ではなく、愛のエネルギーに満ちたおひさま色の服になるのです。

太陽のもとに干しましょう。1時間でも、30分でも衣類に陽光を当てるとパワーがこもります。

太陽のエネルギーというのは強大なものです。疲れたときに少しだけ外に出て、陽光の下に体をさらしてみると、前向きに「何かしようとする力」が満ちてきます。**洗濯物を太陽のもとに干すことは、衣類に太陽のパワーを授けることになります。**

乾燥機を使っていらっしゃるご家庭は、そのライフスタイルが心地よいものであれば、太陽と乾燥機に甲乙をつけることはありませんが、時間に余裕がある日があれば、木綿などの自然素材のタオル・下着・靴下・Tシャツ・シーツ・枕カバーなどは太陽のもとに干すことをおすすめします。肌や頬に布からの太陽の香りがしたときに、疲れた毎日に癒しを感じることでしょう。

出かける前の朝の1時間、いえ30分でも外に干すと、エネルギーが衣類に残ります。花粉症の時期や雨の日など、部屋干しするときも、なるべく窓の近くに干して陽光を当てましょう。

太陽のエネルギーをつぶさないようにふんわりとたたみましょう。

外に干した洗濯物を取り込んだあとは、衣類に残った太陽の感触を、とにかく楽しんでください。

たたむ前でもあとでも、少しのあいだ、家の中に放置できたらなおよいと思います。

太陽の気を発する衣類たちは、体にとっても家にとってもおいしいものです。早々とタンスの中に入れることなく、あたたかな余韻を楽しみましょう。

太陽の香りや気を含んだ衣類は、ふわりと2分の1か4分の1にたたみ、つぶさずにタンスにしまえるといいなと思うのです。

コンパクトに丸めたり立てたりする収納テクニックもありますが、衣類が苦しそうな窮屈なたたみ方ではなく、ふわりとゆとりある収納がうれしいはずです。

1

キャミソールはひと折り、
Tシャツはふた折り。
太陽のエネルギーをつぶさないよう、
ふんわりとたたみましょう。

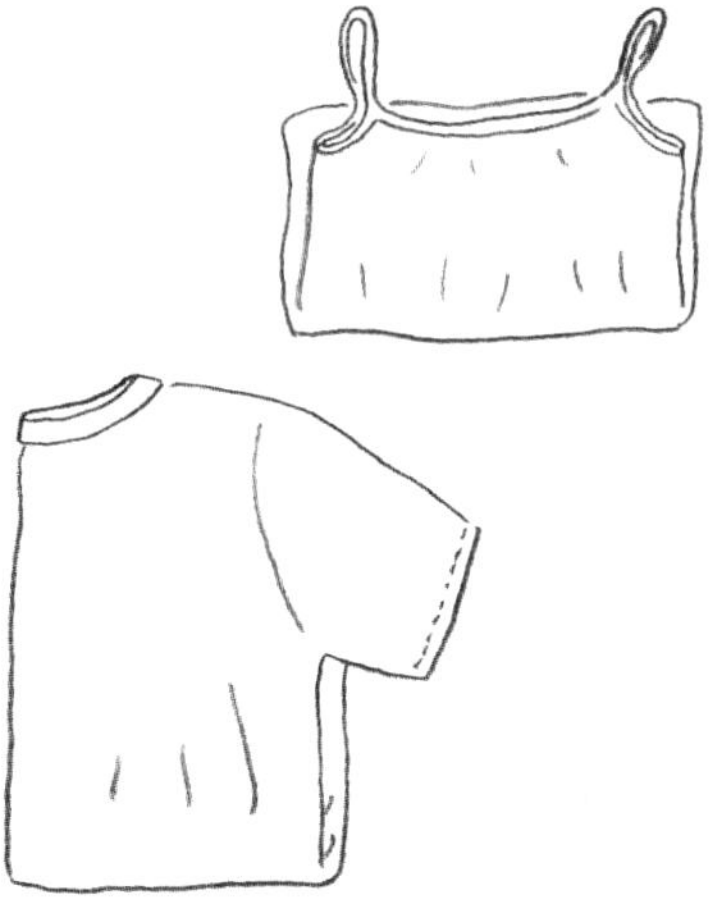

2

収納の目安は6割。
引き出しもクローゼットも、
4割の空白のスペースを
大事にできるといいですね。

新しい私になれる入浴。今日のうちに、浴びた電磁波と古い思念を洗い流しましょう。

洗濯と同じく、入浴は体に付着した不要なものと古い思念を、水の力で洗い流す意味があります。

今日1日、いろいろな出来事があって、喜怒哀楽、さまざまな感情が胸に湧き上がったことでしょう。

それを洗い流し、肌や毛穴から新鮮なエネルギーを吸収することで新しい自分になれるのが入浴です。

海に入ったときに、日ごろの悩みを忘れてなんだかすっきりした経験はありませんか。

海に入ると、それまでクヨクヨしていた思考や心が、ふっと軽くなっていきます。それは海の中の成分が、肌や呼吸から吸収され、偏って滞っていた心のしこりが流されるからです。

お風呂も同様で、海水ほどではありませんが、ほんの少しの塩を入れるのと入れないのでは、体をバスタブに沈めたときに感じる、「強さ」が違ってきます。

古い思念や電磁波が洗い流され、
新しい自分に生まれ変わる
ことができます。

職場できつい言葉を言われたり、トラブルにまきこまれたり、よくないことが起こった日。耳まわりから後頭部に、焦りとかネガティブなものが発汗症状として出ます。そんな日に汚れを落とさず寝てしまうのは、あまりよいことではありません。悪夢を見る場合もあるほどです。落ち込んだ日、気分が晴れない日こそ、古いエネルギーをすっきり落とすために湯船に浸かって就寝しましょう。

会社員時代、朝と寝る前の1日2回、バスタブに浸かるようにしていました。

当時、パソコンが数百台ある職場に通っていて、電磁的な「ブーン」という振動をいつも感じていました。その影響を変化させるのにいちばんよいのは、入浴だったのです。

仕事を終えて、寝る前に入浴すると、体にまとわりついた電磁波の振動がスッと消えていることがわかりました。チリチリジリジリしていた体が、ゆるゆるふんわり穏やかになっているのです。

水のエネルギーを
心身に取り込みましょう。

1 お風呂は直感が冴える場所

悩みに風穴があいたり、思いがけないアイディアや、明日こんなことやろう！　という素敵なひらめきが浮かんだりします。

2 細胞が丸くなる

お風呂のエネルギーは丸いかたち。ほかほか、ほくほくするから、トゲが引っ込んで、思考が丸くなるし、人にやさしい気持ちになります。お湯に浸かって、「あーよかった、今日も1日ありがとう」と思えるのは、細胞が丸くなる場所だからです。

3 寒色系より暖色系

暗い色のお風呂より明るい色のお風呂。入った瞬間気分が落ちる寒色系より、暖色系のほうがいいでしょう。タオルもブルーやグレーなどの寒色系はおしゃれでスタイリッシュではありますが、ピンク、ベージュといった暖色系の、「かわいいな」「あたたかいな」と思えるものでエネルギーをもっと丸くしましょう。

4 「愛している」と言える化粧水を使う

お風呂上がり、手に取った化粧水に「愛している」の言葉をかけます。言葉をかけたときに違和感があればその化粧水はあなたとは合わないのかもしれません。「愛している」とスムーズに言える化粧水を探してみましょう。

顔につけるときにも、心に浮かんだ言葉をかけて、自分を「よしよし」と慈しみを持ってさわりましょう。

「よくがんばってるね」

「かわいい！　素敵だよ！」

自分への慈しみの気持ちで満ちていれば、言葉は出なくても大丈夫。微笑みながらゆっくり手で浸透させます。

5 塩で手洗い

いやなことがあって自分をすぐに清めたいなと思ったときは、手に海の塩を少しだけにぎり、手の中でこすり、御礼を言いながらトイレに流すといいそうです。私自身、こじれた仕事を根気よく解決しなければならないとき、この塩手洗いで気持ちの切り替えをしたものでした。お世話になっている鍼灸師さんに教えてもらったことです。

好きな石を
湯船に入れて
みましょう。
エネルギーが高まり、
気分転換にも
なります。

その日の心や体の状態に合わせて、石を浴槽に入れてみましょう。方法はとてもかんたんです。お湯の張り始めから、石を沈めておくだけです。

そこにほんのひとつまみの粗塩を入れて、「ありがとうございます」と言いながら数回大きくかき混ぜてみましょう。石は安価なものでかまいません。

水道水だけのときと、お気に入りの石を入れたときでは、心地よさやお風呂から上がったときの爽快感がまったく違うことに気づくことでしょう。

どのようなときにどういった石を使うとリラックスができるのか、比較的安価に購入できるものを数点選んでみました。

［くよくよ悩んでいるとき］

ラピスラズリ……頭頂部および額《ひたい》に集約された鈍くて重いエネルギーを解放させる

【言いたいことを言えない】
ターコイズ……のどのチャクラを開放させる。
気管を広くし呼吸を整える

【心が閉じているなと感じたとき】
ローズクオーツ……ハートのチャクラ・心臓部を柔軟にあたためる。
安心感とゆったりとした心への変容を促す

【感度をよくする】
アクアマリン……全身のエネルギーを繊細に整えていく。
手足の爪の先まで
細やかで美しい振動に満たされる

【明晰さを求めて】
シトリン……思考が速やかになり視野が広がる

【肉体と精神の強化】
石英・水晶……全身の免疫系への癒し、自己への信頼

＊これらは医学的に効果効能をうたったものではありません。

これ以外にも、ご自分の直感を信じ、なんとなくいいな、好きだなと思う石がありましたら、ぜひ使ってみてください。

この本の編集者さんは、新宿の紀伊國屋書店にお買い物に行ったついでに、1階の鉱石のお店にお子さんと立ち寄って、子どもに好きな石を選んでもらったそうです。ピンとくるのを選んでみて、と言って。

「6歳の娘が選んだ石は、ラベンダー色のグラデーションの丸い石。素敵でした」とのことでした。「ピンとくる石を選んでみよう！」というのが、楽しくて素敵なイベントだと感じました。

気をつける点としては、間違って排水口に流してつまらせてしまわないようにすることと、まずはできるだけ数百円で買えるもので、単体で好きな石を選ぶことです。

小さなものならストッキングのようなネットに入れるなどして、浴槽や風呂釜、排水口を傷めないようにていねいに扱ってください。使用した石は、そのまま洗ってかわかし、ときどき日光に当てれば大丈夫です。

第5章 住む人に心地よい空間をつくる

——片づけ

片づけをめぐるふたりのお母さんの物語。

片づけの章の最初に、ふたりのお母さんのエピソードをご紹介します。

ひとり目のお母さん。

疲れて帰宅した子どもや夫が靴下や上着を脱ぎ散らかし、カバンを食卓近くに置きっぱなしにします。そのとき、彼女はこのように言います。

「ほら！　またそんなところに脱ぎ捨てて！　床が汚れるじゃない！　カバンも自分の机に持っていきなさい！」

なんだか、自分の家のようだわと笑った方も多いかもしれません。きっとよくある風景なのでしょう。

「お帰りなさい」という笑顔の前に言ってしまう先ほどの言葉は、相手の行動に抵抗して起きてしまっているひとつの反応です。

自分も疲れている。だから相手の行動にあれこれ言いたくなります。

そして、イライラしたまま、これ見よがしに靴下やカバンを乱暴に回収したりするのです。本人はいたって普通に、当たり前の良いことをしているという信念があります。ですが、発しているエネルギーは少しも良いエネルギーではありません。

相手への攻撃性や拒絶や否定のエネルギーが矢のように立ち上がっていきます。

正しいことをしているのだという脳内の誤作動は、実際は、心地よさではなく、居心地の悪い環境を自分で生み出していることになります。もちろんそれに気がついてはいません。

お子さんの心中はこうだったかもしれません。

「ただいま！　おなかすいた！　のどかわいた！　今日のかけっこで順位が上がったよ！　あとね、給食でギョーザが出たよ！　ねえお母さんあのね！　あれ、お母さん怒ってる？　すぐに話したかったのに、お母さん、怒っている。聞いてくれない、もういいもん！」
　このように、意気消沈と反発を招いてしまったとしたらとても残念なことです。エプロンに飛びつきたかったかもしれない深い愛の交流のチャンス。なんという機会を逃してしまっているのでしょう。

　このお母さんは、家族のために整理整頓を心がけ、美しさを求めているようでいて、それは見せかけでしかありませんでした。愛のエネルギーを体からまったく発していません。「いつも家をきれいにしなくちゃ」「模範的な母親にならなければ」「急いでいるのよ」。そんな閉鎖的な気持ちで、結果、目には見えないギスギスとしたトゲで周囲を刺しています。

　ふたり目はこんなお母さんの物語。
　疲れて帰ってきた子どもの靴下が廊下に点々と落ちている。泥んこだけれども、楽しく遊んできたのが見てとれる。だから第一声が

「今日は楽しかった？　何して遊んできたの？」と子どもの瞳と心に寄り添う。

　靴下は放り出された廊下でチョコンと待っているけれど、子どものののどの渇きを潤すほうが大事だとわかる。

　ほんの数秒だけでもしっかり子どもの顔を見て目を合わせ、満足した様子なら、廊下に落ちている靴下を、まるで飼っている猫でも捜しに行くように見に行く。どうせなら子どもといっしょに拾い集めよう。「こんなに汚れるほど遊んできたんだね。すごいね、かけっこがんばったんだね。どれどれ匂いをいっしょにかいでみようか、うっひゃあ、クサイねえ」とユーモアたっぷり。

「きれいになーれっと魔法をかけようね」と、あらかじめ洗剤を入れたバケツを用意しておき、そこにつけおきしに行けばよい。


　この物語はここまで。およそ先の物語の予想がつきますよね。

ふたり目のお母さんのやりとりからは、寛容と包容力のエネルギーが発せられます。排除や攻撃がありません。

このお母さんは根本で、子どもが健やかだからこそ汚すのだと深く理解しています。泥んこ汚れも大地とふれあったからこそと、感謝をしています。

そして、靴下も大切にしますが、まずは人の心が最優先で、生命力の発芽点である心の育みやあたたかさを大切にしています。

さらに、キッチンや居間などお母さんのそばに靴下やカバンを置くということは、愛情と安心の証《あかし》です。お母さんのことが嫌いなら、顔も見ないで自室にこもるとか、帰宅してすぐは来ないなど、近づかないのです。

見栄の片づけから
愛の片づけへ。
散らかっていても
「ほくほくのあたたかい部屋」に。

大変にきれい好きで片づけ好きのお母さまが、実は、愛情不足、見栄、心の闇などを抱えていたというケースを知っています。

彼女の場合、家族との愛情の交流よりも、評判や世間体など、表面に見えているものだけを大事にしていました。

部屋がきれいで散らかっていなければ、自分が世間や家族から認められると、無意識下の行動スイッチが入っていたのです。

「よいお母さん」と言われることへの承認欲求。
「完璧で理想の家庭」を見せることへの強い執着。
「いつもきれいに片づいていないとダメ」という強迫観念。

そんな思いによって、ぬくもりやあたたかさが忘れ去られていきました。次第に、家族全員が、なんのために生きているのかということもわからなくなり、干上がった湖のように、心が枯渇していったのでした。

ここまで極端な例でなくても、家族のだれかがくつろいでいるときにガーガーと掃除機をかけたくなったり、「片づけなさい！」と言いたくなるのは、割り切れない思いの反動なのかもしれません。**家族がくつろいでいたら、片づけなんて忘れて、自分が真っ先にくつろいでみましょう。**

ごはんのあとにみんながテレビを見ていたら、食器の片づけを少し遅らせて、自分もソファーにどーんと座って、みんなといっしょに心からくつろいで、テレビを見てはどうでしょうか。

大切なことは、片づけることではなく、ご機嫌でニコニコとすごすことであるのは、まちがいありません。

物が出ていることによる罪悪感や、神経質に片づけることで、エネルギーの大半を費やしてほしくありません。

笑い・ゆるみ・安心・快活さ・心地よさなどのエネルギーの流れ

に満ちた家であることが優先されることを望みます。

もちろん安心な空間には、床にくぎが落ちていたらいけませんし、あるべき場所に物がおさまっているほうが心穏やかにすごせます。**でも、いつもいつも均一な「片づいている状態」を保つ必要はありません。生活という営みのなかで常に部屋が整然としているのは不自然なことです。**

やかんの湯気、ニンニクを炒める油の香りや、布団の出し入れでほこりが立ったり、季節の衣類の入れ替えで散らかったりするようなことがあってよいのです。

ピカピカの日もあれば、ほかほかの日もあり、シクシクの日も、モグモグの日もどれも神聖なのです。

それは、やさしい心や思い、人の営みが優先されていればこその音と色味なのです。

いつも散らかる物をさわりながら、物はどうしてほしいのかをじっと考えてみましょう。

片づけや収納について、ちょっと違う方向から考えてみましょう。**「物はどうされたがっている？」**という考え方です。

散らかりがちな物を手に持ってさわりながら、思いをめぐらしてみるとよいでしょう。

物の気持ちを代弁するならば、**「苦しくないスペースがほしい」「自分にふさわしい居場所にいたい」**という感じでしょうか。

1「苦しくないスペースがほしい」

空間が混んでいると、苦しいのです。

物はそれぞれにオーラを持っていて、そのオーラが苦しくない空間を欲しています。何かと何かが重なっているとしんどいのです。しんどい状態にしているとそこに暮らす人も、息苦しくなって呼吸もつらくなってきます。

編集者さんに、「苦しくないスペースってなんですか？」と質問されたとき、私は即座に手元の物を動かして説明しました。上のイ

ラストをご覧ください。物を寄せただけで先ほどまで快適だった空間が息苦しく感じます。

快適スペースは物によって違います。狭そうだ、苦しそうだなあと感じたら、少しスペースを作ると心地よい空気がただよい始めます。

2「自分にふさわしい居場所にいたい」

棚の上が似合うのに、押入れのなかにいるのはちょっと残念。玄関の土間にいたいのに、クローゼットにいるから違和感がある。身近な物を擬人化してみてください。「このノートはどうされたがってるかな?」と。それにしたがって収納を考えてみると、物がスッと落ち着く場所に落ち着きます。

物は適切な場所に収納されると安心して休息に入ることができます。取り出すときにまた活躍してくれます。

何もない「スペース」は集中力と新しい未来を生みます。

「無理をして片づける必要はないですよ」と繰り返していますが、片づいていると心がすっきりするというのは事実です。

視界に余分な物がないから気が散らないのです。気が散るということはエネルギーと時間の消耗ですし、あるべきところにあるべき物が収まっていれば、壊したり汚したりもしない安心感もあります。

たとえばリビングの足元に、ふだんは置いていない本があったとします。本が自分の視界に入るたび、なんとなく落ち着かない気持ちになります。家族のだれかが踏んでしまう心配、汚してしまう不安。ささいなことですが、自分のエネルギーを無駄づかいしていることになります。本は、本にとって居心地のいい場所に移動させてあげることが、自分の気を整えるのにも最適なことですし、疲れが減る秘訣でもあります。

また、何も置いていないテーブルや片づいている机が、ゼロからイチという未来を生み出すという事実もあります。

テーブルの上を想像してください。いま、何もなくて片づいた状態です。スペースがあります。スペースがあるというのは、「ウェルカム」の状態です。だれが来ても、何を始めてもウェルカムです。そのうちみんなが集ってお茶をして、お菓子を食べて楽しい時間をすごします。

みんなが帰って、テーブルの上には、余韻が残る食器があります。とても素敵な余韻が残っていますが、それらを片づけて、また何もない空間にすると、新しい時空が生まれます。新しい時空を目の前にすると、「次に何をしようかな」とワクワクした気持ちがその場所に到来します。

片づけた瞬間からスペースが生まれ、新しい自分が作れる。仕事が始められるのです。

これが「未来を作る」ということです。

各自の「縄張り《なわば》」を大切にすると、自然に片づき部屋が心地よく調和する。

自然とラクに片づけられる秘訣として、家族それぞれのお気に入りのスペース「縄張り《なわば》」を決めるとよいでしょう。「あなたのテリトリー」を明確にするだけで、片づけはかなりラクになりますし、各自の感情の流れが空間に調和します。

「縄張り」は個室でなくてもかまいません。

広さも必要ありません。

半畳ほど、部屋の片すみに、心地よい椅子を置く、本棚の前にラグとクッションを置いて寝転べるといった空間です。

大切なのは、本人が無意識レベルで好きな場所であること。

「今日からここはあなたの場所ね！」とだれかが上から決めるのではなく、**動物としての自然な習性を優先してその人の場所づくり**をしてあげるのです。

自分の家がどうして片づかないのかわからない人は、かんたんに間取り図を描き、だれがどこを好み、どこに長くいて、何を置いて、どのように使っていて、また、それがほかの家族の暮らしにどのように影響しているのか、視覚化するとよいと思います。

「娘はリビングでお絵描きすることが多いな。人がいない場所にはあまり行きたがらないし、1階の日当たりのいい場所によくいる」

「息子はごろごろ寝転がって本を読むのが好き。マンガがつまった2階の本棚のそばでごろごろしてるな」

「夫はダイニングの椅子が気に入っているようで、椅子から放射状に夫の物が散らかる」

このように、現在の自然な状態に応じて、縄張り（テリトリー）を決めていきましょう。

家族の「縄張り」が上手に整うと、各自の行動にしたがって、物も自動的におさまっていくようになります。子どもたちがランドセルをいちばん置きやすいところが、ランドセル置き場にもなりますし、作りかけのプラモデル、お絵描きなども、いちいち「片づけなさい！」と声をかけなくても、やりかけのまま置いておくことができれば何よりです。


我が家は都会の小さな暮らしを続けていますが、この「縄張り」づくりのおかげで、心地よい暮らしをしています。

娘が巣立ち、自分の個室ができたいまも、夫の趣味の山道具を置いた周辺に夫の居場所があり、私の好きな物たちを置いた場所に私の居場所があります。

それぞれの物たちは自然と使いやすい場所に収まっていきます。もちろん、おたがい何かが現在進行形のときには散らかりますが、いずれ収束していくことに信頼を置いています。


家族に侵されない「自分だけの場所」があることは、好きなことに向かう集中力を育てます。

「縄張り」があまり決まっておらず、家族それぞれの居場所や物の置き場が曖昧で、共用のままでいますと、好きなことをスタートする気持ち、好きなことをエンドする気持ちなどの、「切り替え」ができにくくなるかもしれません。

萎えたエネルギーが家全体に充満し、いつもノイズがあるような感覚。それは「あれこれしたいのに、できない」という不満につながります。

居場所があるから、自由な意志が育まれ、好きなことややりたいことに意識が向かいます。

心が「やりたいこと」でいっぱいになっているときに、その周辺に愛のエネルギーが満ちていることは、言うまでもありません。

縄張りを大切にすると
住む人に心地よく、
自然に片づく家になります。

間取り図に各自の習性を
書き込んでみましょう。

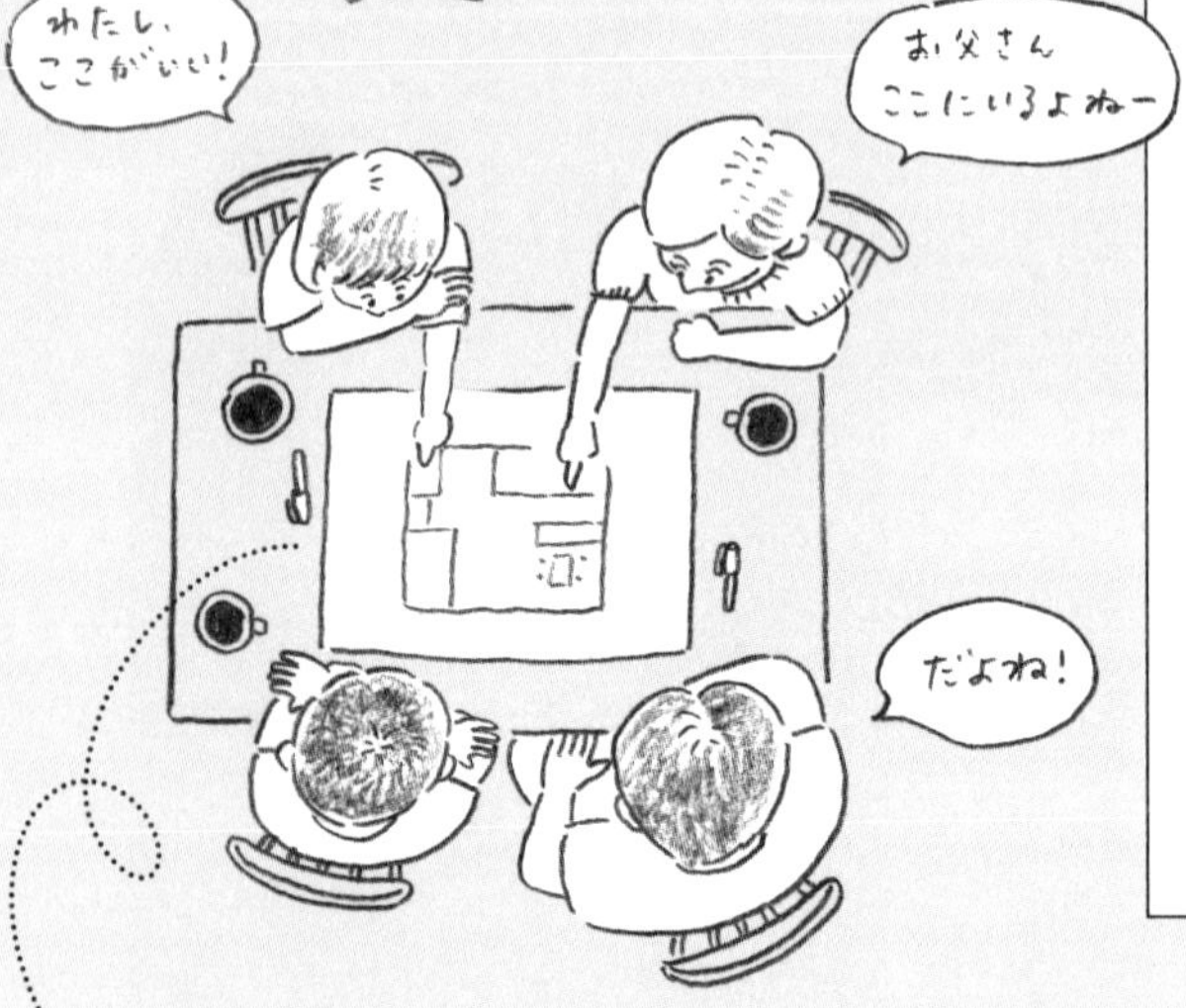

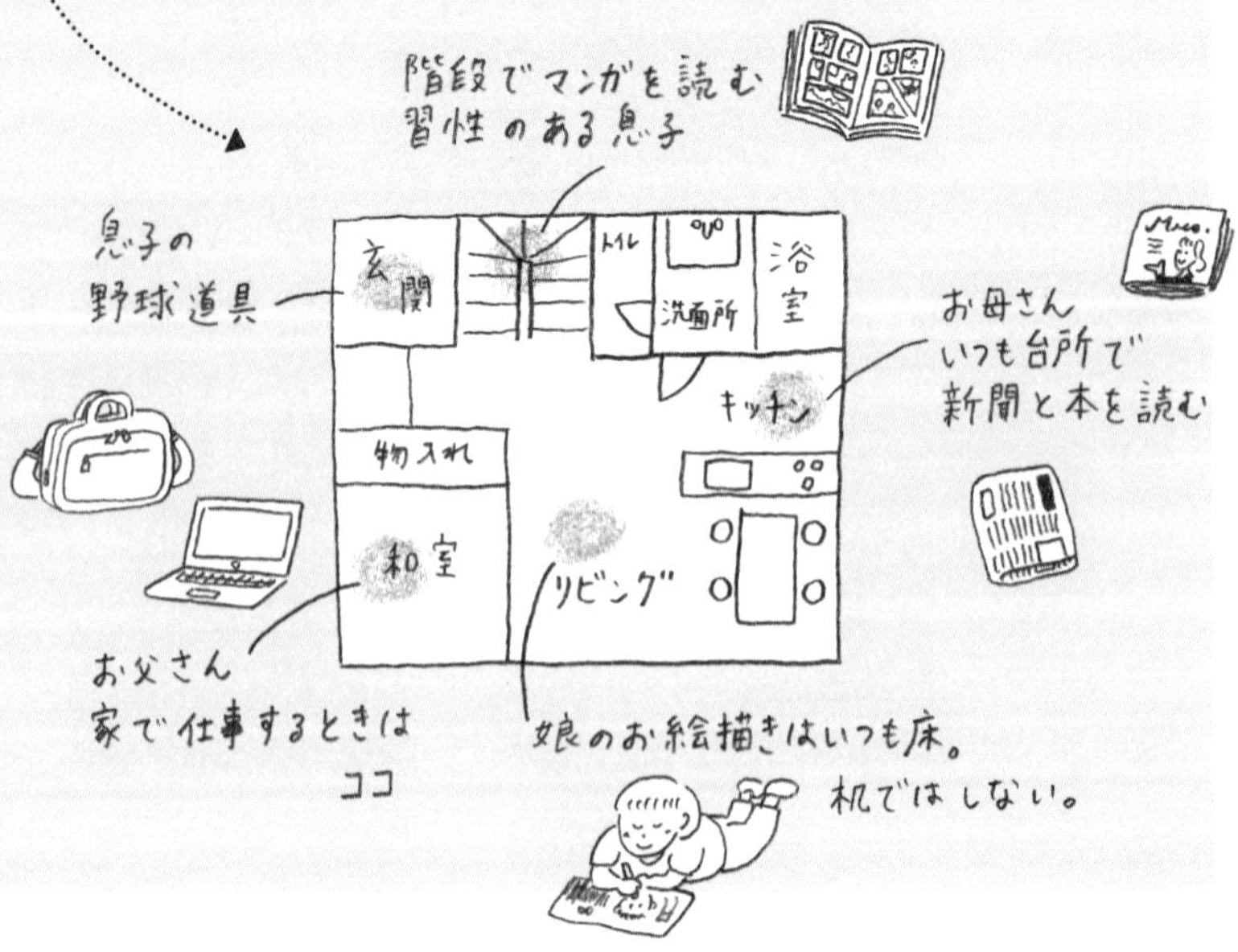

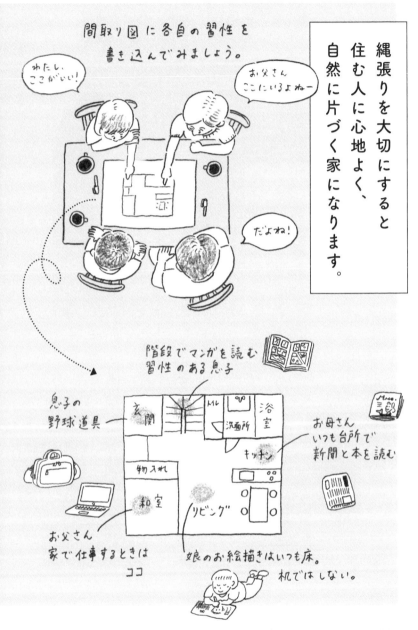

習性に合わせて新しい縄張りづくり。
個室がある場合でも動物的な
習性と合っているのか、
考えたほうがいいかもしれません。

人間の自然な行動に合わせると、だれも否定することなく、愛のエネルギーが満ちる片づけになります。

各自の縄張りの近くに
収納を設置しましょう。
小さいスペースでもあると
気持ちがラクに
なります。

物が散らかる場所はヒントです。
自然な習性を大切に。
「お風呂で本を読むのは
やめられないんだよねー」

子どもの片づけをうるさく注意するくらいなら、親が片づけてしまいましょう。

「子どもに片づけさせるのがストレス。でもしつけとして片づけることを教えなければいけない。わが子が片づけられない子になったら困るし……」

こんな悩みをお聞きしました。

私の答えは、

「子どもに片づけさせなくていいですよ。あなたが散らかっているのが苦痛だったら、**あなたが片づけたいのですから、あなたが片づけてください**♡『片づけてもいい？』とだけ、子どもに許可を得るのを忘れずに」

というものです。

子どものワクワクする気持ちや、やってみたい！　という意欲を大きくするのが親の仕事です。それには、子どもの言動に同意し、肯定することが大切です。

「何やってるの！　片づけなさい！　また散らかしたの！」

という言葉は否定です。否定をし続けると逆にその子は片づけら

親が片づけても大丈夫。
「片づいてると気持ちがいい」
ということが伝われば
OKです。

れない子になってしまうのです。皮肉なことに、片づけなさい！と言えば言うほど、片づけられない子になる。そして片づけられない子は、愛のエネルギーがわからない子とも言えます。

「子どもが散らかしたものを子どもに片づけさせなければいけない」というルールはありません。

もしもあまりに散らかして、次の遊びができないようだったら、こんなふうに言ってみましょう。

「もしよかったら、お母さんが片づけていいかな?」
「物がかわいそうだから片づけようか」
「散らかっているとほかのことができないから、いっしょに片づけようか」
「踏んだら、足もおもちゃも痛いよね」

命令ではなくて、いざないです。

親が喜んで片づけていると、かならず片づけられる子になります。おもちゃや物を愛しているから、自分から片づけるようになるのです。

子どもが散らかしたものをじっと見ると、そこに楽しくてワクワクした子どもの気持ちが残っているはずです。

食卓の上におもちゃを広げた子どもは、その食卓会議の主要メンバーです。みんなに自分のおもちゃの完成ぶりを見てほしいし、いっしょに楽しんでほしいのです。世界制覇や宇宙への夢を描いているのかもしれません。

そんなワクワクとした心を「片づけなさい！」の命令でつぶさないように、大切にいざなってみましょう。

本を置く場所は
パワースポット。
本の持つ
愛のエネルギーは
格別のものです。

本棚は、一家にかならずあってほしいものです。

本の持つエネルギーは、格別です。

本棚に並べられた本たちの静謐で知的な空気やユーモアは、家じゅうに素晴らしいエネルギーを充満させます。

また、絵本にはなんとも言えない飾らぬ底力があり、日常のもろもろの不自由さから精神を解放させてくれるパワーを持っています。

絵本を読むことは、大人のほうが生きる力を思い出させてもらったり、笑ったり楽しんだりという心の洗濯ができます。

本棚がある家庭は、いまはわからなくても未来に向けて大きな幸せの木を育てる力のある家です。

大げさですが、未来永劫、幸せの力を維持し、育むことができる土壌づくりを、家の片すみにある本棚を起点に始めることができるのです。

小さくてもお気に入りの本を置くスペースがある家庭や職場で

は、大小さまざまな紆余曲折があったにしても、仕事や家運が隆盛になることが多いと申しても過言ではありません。

図書館で借りてきた本でさえも、家にあるときとないときでは、愛のエネルギーの満ち方が違ってくるものです。

作り手（著者だけではなく、装丁家、絵を描く人、編集者、印刷・製本のスタッフなど関わるすべてのスタッフ）が心をこめて作ったエネルギー値の高い本は、持っただけで手と体に心地よい風が吹いたかのような感覚が生まれます。

さっきまでのモヤモヤ、頭の中で繰り返されていた「生きることへの違和感」などが、本にふれるだけで、なぜかすっきりするのです。

本棚に限らず、家のあちこちに本を置いてみませんか？　本を置いた場所からパワースポットを作ることができるでしょう。

1 絵のように本を飾ります。

2 季節や行事に合わせて本を家の中に。

夏の暑い時期にスイカの絵本、お正月にお餅つきの絵本。季節の本を飾ることは、なんと豊かな行為でしょう。

3 みんなが集う場所に本棚を。

小さな本棚でも、みんなの大好きな本が数冊ずつでもリビングにあると、心のよりどころになります。

良書を手放さないようにしましょう。読み返さずとも、存在だけで素晴らしい空気を放ちます。

良き本は体の細胞をたたき起こし、揺さぶることができます。すでに読んでしまった本でも、年齢を重ねていくにつれ、または暮らし向きが変わるとき、読むたびに感動する箇所が違うという経験はどなたでもあるでしょう。あちらこちらに、多くの泉が湧いているのが、良書なのです。

本を読むのが苦手な方でも、大好きなマンガや写真集などが数冊はあるはずです。これらの愛する良書は、自分の成長のなかで、「達成した。もう大丈夫だ」と感じる瞬間がくるまで、捨てないで持っておくことをおすすめします。

ある方がこんなことをおっしゃっていました。

「たとえ一生読み返さないとしても、手元に置いておきたい本はある」

一生のなかで、何回も読む本に出会えた方は、幸せです。でも**読み返さなくても、静かにパワーを与え続けてくれる本というのが、**

たしかにあるのです。

現代は、紙の本でなくとも、あらゆる媒体で文章を読むことができる便利な時代です。

紙の書籍と電子媒体。それは、生のオーケストラを全身細胞で聴くことと、テレビで聴く音楽の差ほど、与える力に違いがあります。

ネットで情報を集めることも時代の善でありますが、デジタル形式での伝達は、読み終えてしまったその瞬間に次々と消えてしまいやすく、書き手の思いを伝えるのにはいささか窮屈で、言葉にこめた思いが矮小化されてしまいがちです。

また、電子媒体は、読み手が長く維持していたい本のパワーを蓄えておくにも難しいものです。ネットで得た情報は、あたかもポケットに穴があいていて、大切なものがぽろぽろとこぼれていってしまっているかのようです。ぜひとも「物質」としての本のパワーを家の中に存在させてほしいと感じます。

何をするか（DO）
ではなく、
どういう存在（BE）で
ありたいかを
大切に感じて
みましょう。

今日、仕事でがんばりましたか？

だれとも口を利きたくなくなるほどやり遂げましたか？

ここ数日、仕事や残業で家に帰って寝るだけの毎日でしたよね？

または少し風邪気味で無理して会社に行ったのも、本当のことですよね？


お子さんがいらっしゃるご家庭では、今日一日赤ちゃんがぐずってずっと抱いていましたか？

雨のなか保育園にお迎えに行き、買い物袋と仕事バッグを抱え、子どもの手を引いて子どもを守りながら帰宅しましたか？

運動会で朝から早起き、昼寝もせずに炎天下で声援を送りましたよね？


部屋を見渡すと、あるべきところにあるべき物がなく、床にはさまざまな物が落ちていて、でももう、何もしたくなくて、途方にくれている……。

もし、いまそんなピンチの状態だったら、それはチャンスかもしれません。なぜなら、そのピンチの状態になったことで、思考をガラッと変えることができるからです。

人はだれもが、追い詰められたときだけに湧き上がってくる、内なるエネルギーを持っています。そして、そのエネルギーを引き出すために、効果抜群の魔法の言葉があります。

「**いま、自分が愛の存在だったら何をすべきか**」

という言葉です。心の中で繰り返してみてください。

これこそ極意です。

愛の存在でいるということは、行動に関係がないのです。

何かをする（DO）存在ではなく、どんな存在なのか（BE）ということ。

これが心地よい家のために本当に大切なことなのです。

散らかっていたとしても、父と母と子どもたちが楽しみ、笑顔でいれば、その家全体、すみずみにまで笑い声がこだまします。

天井・壁・机・椅子に至るまで微笑むエネルギーの家になります。

ひとり暮らしの場合でも、家の中にある物たちへの愛情を身の内に感じ、家電を慈しむ気持ちでさわり、目を閉じてください。

あなたはまちがいなく愛の存在そのものです。

第6章 物と友情を通わすために——買い物と放出

家の中の物は
家族の仲間であり
味方です。
友情を感じて
買い物をしましょう。

たとえば、ある服を買うとします。

それを着ると心地よいですか？　着ると肌色もよくつやつやに見えて、自分の気分を上昇させるパワーがありますでしょうか？


ある靴を買うとします。

その靴を履いたときになんともいえないふわりとしたゆるみやあたたかさのようなものを感じますか？　しっくりきて空気のようですか？　背が伸びるような感覚を得られますか？


ある鍋を買うとします。

その鍋を買うことで、あなたの好きなじゃがいもが、大根が、よりおいしく調理されていく映像が浮かびますか？　手に持って重すぎず、手首に負担にならないバランスで、毎日使ったとしても清々しく感じられる柄やニコニコできるようなデザインですか？

あなたが買う物はあなたの味方です。仲間です。友人です。

ですから、物を買うとき、安いからいいや、とか、高いからやめておこう、という視点はいったん脇に置いて、その物が自分の暮らしの応援団や仲間として家の中に存在してもらうのにベストなのかどうか、おたがいにとってラッキーな出会いなのかという目線を持っていてほしいのです。

買い物のポイントをひと言で言うと、友情を感じられる物を買う、という考え方です。

この考え方でいると、物に対する愛情が湧いてきますので、たくさん持つ必要がなくなってきます。自分のお世話のできる範囲の物しか持たなくなります。

家の中にある物が全部好きなら、無視される子や放置される子も少なくなり、自然と目も手も行き届きます。物が多すぎたり、物を片づけられないということがなくなります。

友情を感じないのに買ったとしたら、いつまでたっても仲間・友人になりきれず、他人行儀な存在です。手放すときに「我が家の一員ではなかったな」という感想を持つのはさみしいものです。

また、新しい物へのごあいさつは欠かさずにしたいものです。

「よく来たね」

「うちの子になってくれてありがとう」

「よろしくね」

と、言葉をかけましょう。

大きなものでも小さなものでも同じです。

今日からいっしょに生活し、暮らしと家事を助けてくれる大切な仲間ですので、ぜひ心をこめて笑顔であいさつをしましょう。

「買いたいな、ほしいな」と思う物に出会ったら、「うちの子になる？」と聞いてみましょう。

物にいい物、悪い物があるわけではありません。優劣があるわけでもありません。

人間同士と同じように、**自分と物とのあいだに「相性」があるだけです。**

相性がいい物は、ふれてみますと、吸いつくような心地よさや、頬ずりしたくなる衝動、体が軽くなり浮き立つような喜び、力が湧いてくるような感覚、微笑みがこぼれる、目が覚める……など五感に喜びがみなぎる感じがします。

反対に、相性がよくない物は、持ってみると、チクチクする、不機嫌になる、体が重たくなる、心身がひとまわり小さく縮むような、何かがっかりしてしまうような雰囲気、笑顔になれずに口角が下がる、文句を言いたくなる……などを感じます。

うっかりこういった物を買ってしまうと、その物はあなたを疲れさせ、エネルギーを小さくしてしまいます。

知人のだんなさまのお話です。

洋服が大好きな方で、クローゼットの中にはたくさんの洋服がつまっています。

彼いわく、「すべて大好きなものだから、手放す服は1枚もない」とのこと。たくさん持っているけれど、着ていない服は1枚もありません。

彼は朝起きて、何を着るか決めるのも早ければ、買い物も早い。どういう基準で買い物するのか聞いてみたら、

「ぼくは**語りかけてくる服**しか買わない」

とおっしゃったそう。私はこの話を聞いて素晴らしいと思いました。さらにこんなエピソードも。古びたタンクトップを着ていた彼に奥さまが、「それ、まだ着るの?」と聞いたら、

「これは肌ざわりがすごくいい。ということは、**おたがいに必要としあってるんだ**」

とおっしゃったそうです。

まさにこの感覚！　彼のクローゼットを拝見したことはありませんが、愛に満ちたエネルギーでキラキラと光り輝いているはずです。

「語りかけてくる」という感覚が少し難しければ、お店でほしいなと思う物に出会ったときに、

「うちの子になる？」

「うちに来る？」

と聞いてみてください。「うん！」「行きたい！」といういい返事が聞こえた気がしたら、買って連れて帰る。なんとなく心が通わない気がしたら、またにする。

こんなアドバイスをすると、「うちの子になる？」と聞く以前に、そう聞きたくもない物を買おうとしていた、という人がいました。

「なぜうちの子にしたくない物を買うの？」と不思議に思って質問すると、

「……たぶん、必要か不必要かという判断基準なんだと思います。

あるいは、見栄のような感情で『これを買うことで自分を大きく見せたい、人からすごいと思われたい』といった買い物もあります」とのことでした。

必要なものを買うことはもちろん大切ですが、「うちの子にしたいくらい好きな気持ち」を感じた物を買っていると、「不足がない」という現象が起きます。

「不足がない」とは「必要な物はすべて家にある」という状態です。

必要か不必要かではなくて、友情を感じる買い物を続けていれば、不思議と不足がなくなるのです。

よい買い物をするために

1 出会いを根気よく待ちましょう。

買い物は偶然の出会いです。買いたくて行ったのに買えなかった、というのは当然です。しかし買えない日のあとにチャンスあり。次に出かけたときに最高の出会いがあるものです。

2 歩きましょう。

じっとしていても出会えません。街をどんどん歩きましょう。

3 出会える場所リストを心の中に。

過去の買い物を振り返ってみると、「ここで買った物は長く愛せた、厚い友情を育めた」という場所はありませんか？　そんな出会いのあるデパートやショッピングモールに出かけてみましょう。

4 値段であきらめるのをやめましょう。

どんなに高くても、「連れて帰らないと後悔する！」という一世一代の出会いがあったら、買いましょう。価値のある買い物をすると、無駄遣いがなくなり、結果的に経済の帳尻が合います。

ご機嫌なときに買い物しましょう。自分と相性のいい物がすぐにわかります。

いい物を買う秘訣はずばり、「機嫌のよさこそ最高の効率である」ということです。

家事全般に言えることなのですが、**「自分の機嫌のよさ」を最優先にすることは、どんな時短テクニックよりも効率的**だと感じます。

特に買い物においては、自分の機嫌のよさが重要です。

ご機嫌状態の感度は、自分を小さくするエネルギーの物をしらみつぶしに見つけることができるからです。

ご機嫌な状態とは、生まれたての赤ちゃんのようなものです。

赤ちゃんは、頭で収入とか支払いとか健康とか知識を並べ比べてあれこれ考えることはなく、感覚をフル回転させて、一瞬一瞬を生きています。

手で物をつかみ、口に放り込み、匂いをかぎ、思考も語彙《ごい》もほとんど不要な状態で、とにかく楽しいのです。晴れた空、広い世界を大きな好奇心で素直に感じています。

ご機嫌なときに買い物すると、
いい出会いが！
mall

とはいえ、世の中には満員電車、好きではない人、苦手なたばこの煙、体調の悪さ……など、あなたのご機嫌を阻《はば》むものがたくさんあります。

ご機嫌を維持する方法をご紹介します。

それは、「私はそれを選んでいない」と宣言するだけです。

そのひと言でほとんどのことが解決するのです。

たとえば、こんな1日の始まりを想像してください。

お味噌汁、おいしいリンゴとほうれん草の朝食をとり、心も体も満たされた状態で外に出かけます。歩き出すと、太陽の光さえ、自分の仲間だと感じます。鳥や青空も私と同じ仲間と感じます。駅に着き、混んでいても人にぶつかることなく、スイスイと歩けます。そこへ突然、ニンニクの匂いがしてきます。それは、目の前を歩いている人からでした。そして、電車に座ります。突然、たばこの匂いがしてきます。それはドア付近に立っている人の匂いでした。

ここで、「そうね。ニンニクね」「そうね。たばこね」とそのまま認め、

「私はそれを選んでいない」

と宣言します。

それだけで、嫌悪の感情が起きないのです。

苦手な相手、違和感を感じる人に出会ったとしても、「私は彼（彼女）を選んでいない」と宣言し、自分と切り離したところで、その人の存在をそのまま認めます。そうすると、腹が立つことがありません。

ですから、ご機嫌は続いていきます。あなたの感度は冴えたままです。ご機嫌を保ったままお店に向かうと、きっと友情を感じられる物に出会えるはずです。

衣類は
あなたの生命と心を
守ってくれる、
自然からの恩恵です。
空に向かって
背が伸びる
感覚のものを
選びましょう。

毎日身に着ける衣類は、あなたの命を守り、気持ちを底上げしてくれる大切なものです。

さまざまな物のなかでも、衣類は特に「感じて、さわって」買うことを心がけましょう。

できれば化学繊維ではなく、綿（コットン）、麻（リネン）、ウールなど天然素材のものを選ぶといいでしょう。それらの衣類には自然の記憶が残っています。身に着けると、あなたが森の中で暮らしているように心地よく、穏やかな気持ちにしてくれます。

たとえば、コットン100％の肌着、パリッとした麻のエプロン。寒い日は、あたたかいけど首元を締め付けないウールのセーター。暑い夏は、涼しいブルーのリネンワンピースに汗を吸う絹のレギンス。

大げさですが、**自然の記憶が残った衣類を身に着けるのは、森羅万象と会話することと同じ意味を持ちます。**大変に直感が冴えるのです。

相性のいい服を着てみると、背筋がスッと伸び、「わあ!」とか「よし!」と歓声が上がります。

インターネットを利用して買い物するのは、もちろんよいことなのですが、試着を繰り返し、空に向かって背が伸びるような感覚の服を買うことは、家事にも大きな意味をもたらします。

着心地のよくない服を着て家事をすると疲れが増しますし、そのまま食材をいらだった気持ちでさわるとダウンエネルギーが料理に伝わってしまいます。

家事をするとき、特にお料理をするときに身に着ける服は、着て違和感を感じない、親しみを感じる服にしましょう。

1

相性のよい服は、着た瞬間、先ほどまでの自分に比べて、身長が2センチ近く高くなります。気持ちはやわらかく、頬も明るくなります。

2

着てみたときに小さな「ん？」という疑問を感じたら、すでに迷いのエネルギーが出ています。慎重になってください。店員さんが親切だったから、手持ちのアイテムが少ないから、と、理由をつけて買った服とは友だちになれません。

あなたが買わないことで
あなたより喜んでくれる人と
出会えるでしょう。

3

通販は便利ですが、ネット画面だけで、個々が持つエネルギーを感知するのは難しいことです。自分との相性は、実際にさわってみないとわかりません。

似ているものでも、手のひらでさわると、
まったく違う感じがするはずです。

寝室は、布の癒しを享受する場所です。ベッドリネンは大好きなもので調えましょう。

樹木、土、雨、葉っぱなど、自然界には、手や肌にふれるだけで、とげとげしい気持ちが消えるものがたくさんあります。

それらの人を癒す能力は天下一品です。

天然の木材で作られた家具、植物の強さとやさしさがつまったリネン（麻）・コットン（綿）・シルク（絹）・ウールなどの布製品。

特に寝具まわりの布には、それぞれが糸になる前からの植物としての生命の記憶がわずかに残っています。

私は、80年続く寝具店の娘として生まれました。

子どものころから絹糸の艶やリネンのシャリ感、乾いたタオルの香りなどが、頬がとろけるほど大好きでした。職人さんの手でできたばかりの婚礼布団の輝きや刺繍を見ると、「わあ！」と心が躍りました。

いま思えば、そこに、光を感じていたのです。

上質のエジプト綿（超長綿）のシーツの感触も、それらが高級だ

mystery of CATS

ということは大人になるまで知りませんでしたが、綿という植物が、人間ととても仲良しだということはわかっていました。

綿は、太陽と夜空の星と月と土によって育っていきます。森羅万象と会話をした彼らが、人のやさしい手によって、糸に紡がれ、枕やシーツなどになっている。その命のバイブレーションはどんな小さな破片のようになっても消えることはありません。

話はずれますが、少し眠りの話をさせてください。

前述したように、家事をやりたくないときには、**何もかもそのままにして早い時間に寝てしまうのは最高で最良の選択です。**

お昼寝を取り入れてみるのもよいでしょう。時間にして15～30分。エネルギーが落ち始める14～16時に少しでも眠れるとベストです。お昼寝のあと、その日二度目の朝を迎える！　というくらい、すっきりと新しい午後を始められるでしょう。

「捨てること」ばかりが善ではありません。心身が凛とする手放し方を心がけましょう。

最小限の物で生活する暮らしが良きものとされている昨今では、

・物を多く持つことは悪

・たくさん捨てることが善

というムードがあります。

しかし、家の中の物はあなたの仲間であり、味方です。やみくもに捨てるのではなく、心を使って手放していきませんか。

「手放す物」には2種類あります。

1 お役目が終わった物

さんざん使って古くなった物を手放すとき、「汚れたな」「古くなってきたな」という感覚もいっしょに手放せます。自分自身のステージが変わる感覚を味わうでしょう。

2 好きではない物や使っていない物

気持ちが沈む、笑えない、にっこりできない物。自分の生命力を落とす物をまわりに置かないほうがよいようです。

「もったいない」と思うかもしれませんが、いらない物が家にいっぱいあるのは、悲しみをためこむのと似ています。「物をかわいがっていない」という罪悪感も充満します。

このふたつの物を手放すときには、神様が「放出していいよ」と言ってくれています。手放すときに手間がかかったとしても、人が風邪を引いて熱を出し、自然なデトックスをするように、**いらない物を外に出すことは、家のエネルギーの解毒になるような気がします。**

そして、手放したあと心身が凛とする感覚になるはずです。まれに好きな物まで手放す方がいらっしゃいますが、心のバランスを失っているのかもしれません。物に焦点が合っていなくて、「きれいな部屋にしなくては」という強迫観念が根底にあるような気がします。

気分が下がる物を手放すことは、自分を大切にする行為。

何かを手放したとき、未来へのエネルギーが湧いてくるのが、良い放出といえます。

物を捨てるのがポイントではありません。愛ある物で満たすこと。力点はこっちです。

日々の暮らしのなかで、「これいやだな」「扱いにくいな」「自分に似合わないな」と感じた物は、チョコチョコと手放していくのがいちばんかんたんです。

意外なくせものは、「いやだな」という気持ちすら持てない、一度も使っていない食器たち。そこには「無視」という感情に近い、冷たい感覚が流れます。家にあるだけで、不思議と気分がダウンするので、リサイクルに出すなどタイミングがいいときに放出するほうが物も自分も幸せです。

「いやだな」と思う気持ちを無視しないこと、なんとなく気分が下がる物を手放すことは、実は自分自身を大切にする行為です。

また、手放しづらい古い日記や手紙は、次のふたつの感情で分けてみてください。

①「解決した心情の日記や手紙」

いま現在、その日記や手紙とは違う新しい思想や考えですっきり生きているとしたら、手放すことで自分も手紙をくれた友だちも、もっとハッピーになれます。

②「いまと未来を励ます日記や手紙」

反対に、読み返すことで心が弾む、気持ちが上向きになるものなら、捨てる必要はありません。友情や愛情のエネルギーを発してくれて、家の中をあたたかい空気で満たしてくれます。

お世話になった物たちに感謝を伝えるのが手放すときの儀式。

物を手放すとき、どんな物でも、それまでの自分に役立ってくれた有り難いものです。

暮らしを支え、体をあたため、自分のやわらかな肉体を守るために一生懸命奮闘してくれたかわいい仲間でした。

そういう点から、「ありがとう」と御礼を言って、家から放出することはとても美しく、理に適っていると思います。


ここに**「またね」という再会の言葉をかけることで、さらに素敵なことが起きます。**

実は「またね」という言葉には意味があります。

手放された物は、燃やされたり粉砕されたりして、いったん物質としての形態が無になるかもしれません。

しかし、「またね」という言葉は、再会の喜びを先取りしているのです。その喜びの空気は、いつまでも残ります。

そうか、あの家に行くとかわいがってもらえるのか、という伝令が不思議と物質界に連鎖して起きていきます。そうすると、いずれその家は喜びと感謝で繁栄していきます。

これが、「見えないものを敬う連鎖の法則」です。


物に感謝していない、大切にしていない家では、物があるのが当たり前と思っています。そういう家では、不思議と大型家電やパソコンが壊れやすいものです。

どんな物も、作り手が創意工夫をしながら作ってくれたものです。私たちは、自分ひとりでは、やかんひとつも作れません。

よくも悪くも物質に残っていく、だれかの知恵と工夫・労力・愛情などの「思い」はとても重要です。

物には八百万の神様が宿るという日本の考え方は、とても美しい真実の世界観だと思います。

物がありすぎる家と物がなさすぎる家の悲しみとさみしさ。

物がありすぎる家には、単に「捨てられない性格」というだけではくくれない、その家族だけの愛しく切ない歴史や物語があるようです。可能性のひとつとして、その家に住む人のだれかが「何かを失った」という出来事があるような気がしています。

心的欠損、内側にくすぶる混乱から、さみしさを埋めるために物を増やすという傾向があるのです。

どんな人でも、さみしさを物で埋めるということがあります。たとえば、失恋したとき、きれいな服やバッグをたくさん衝動買いする。仕事のストレスが強いときアクセサリーを買ってしまう。人生につまずいて酒量が増えたなども、実は意味としては同じです。「物を買う理由が、実は自分のさみしさにあったのだ」と自覚すると、自然な流れで物を放出するタイミングがやってきます。

だれでも、買い物と放出という新陳代謝を繰り返しながら生きることで、成長し、幸福への精度を上げていっているのではないでしょうか。

生活の必要性ではなく、「物の質量」によるなぐさめを欲しているので、「好きな物」や「必要な量」を選ぶセンサーが狂ってたくさんの物を必要としてしまうのです。

そのようなときは、さわやかなパステルカラーの服が似合う人が、濃い茶色、重たい赤や黒い服などを選んでしまいます。そこには、自分というものを消したい、違う自分になりたいなど、変化への欲求もあります。

しかし、これらの行動は、エネルギー的には整合性がとれている側面もあり、一概に「まちがった買い物だ」と批判だけするような無神経さは避けたく思います。

いま、ハッと家の中を見まわして、「ネガティブな感情の結果としての物」があふれている、と思い当たることがあったとしても自分を責めなくて大丈夫です。

「ああ、物に助けてもらったんだな」と感謝して、前に進めばいい

のだと思います。

手放したくなければ、**「もう少し、物に助けてもらおう」**と思えば大丈夫です。不自然に物を捨てまくることは、決していいことではありません。

反対に、必要な物まで過剰に捨ててしまう家は、どこか悲しくさみしくて、**「本当に捨てたい物はそれじゃない」というテーマ**が隠れています。

極端に物の少ない部屋であっても、すっきりとした気持ちで暮らせているならば、さみしいエネルギーではありません。たとえるなら、山の中のキャンプ場にテントと寝袋と少しの食糧を持ってすごすことに似ています。煩わしさがなく、とてもご機嫌です。

物が少なすぎて落ち着かない気持ちだったとしたら、人生における別の「何か」が解決していないのかもしれません。その重たい思いへの代償が、力業で過剰に捨てきってしまう行動につながった可能性があります。

自己疑念、煩わしい人間関係、親との軋轢、社会の矛盾への違和感、誤解や孤独感、忘れたい過去など、自分の体の中を始終走り抜けている苦しい言葉と思念。それらを手放したくて物を目の前から消していったのかもしれないのです。

物と片づけの問題は、実は人間社会の問題です。

地球に生まれた私たちは、自然の移ろいとともに暮らしています。人間が作り出した「物」、人間が作り出した「価値観」だけではない豊かさがあることを、自然から教えてもらうことが可能です。

太陽、星空、青空、草原、森林などの大自然とたわむれていると、人との問題だけで追いつめられることはなくなっていきます。

「片づけられない」ということが、整理整頓のスキルの欠損だと思われていますが、自然とふれあう分量を増やすだけで、スーッと物の分量が落ち着き、片づいていきます。森で暮らし始めたら、ブランドバッグがすべていらなくなったということが起こるのです。

物が多すぎたり、物が少なすぎたり。

自分の家の物の質量が、なんとなく自分らしくないなと思ったら、お天気のいい日に公園のベンチに座って、空と樹々を眺めることから始めてみませんか。庭に出て風に当たったり、草むしりをするのもおすすめです。

贈り物がたくさん届く家は、お福分けという素晴らしい役目を持っています。

「使わない品を贈り物としていただくことが多く、自分の意に染まぬ物たちが、いつのまにかたくさん家の中に入ってきます」というご相談を受けたことがあります。

ある家の住人が、近所の人や身近な人、また、遠くにいるだれかをとても助けているとします。掃除も、人への奉仕も、職場での陰徳も、見知らぬ人への小さな寄付なども、特に意識することなく進んでおこなう人々です。

その家は、パソコンがほしいなと思うとパソコンをもらい、ベーグルが食べたいなと思うとベーグルが届き、海外旅行に行きたいなと思ったら行く予算も機会も素晴らしく調った、そんなラッキーなことが起こる家だったのです。

別のある家では、旅行に行っても職場にお茶菓子ひとつ買ってこず、いつも一方的にもらってばかりの自分たちに気づいていません。

仕事でも「なんで自分だけがこんな思いをするのか」と愚痴《ぐち》も多く、上司と同僚に延々と文句ばかりを言っていました。

周囲の人はだんだん、その人を煩わしいと思い始めて、つきあいが薄まってきています。お土産の温泉饅頭が1個減り、お茶菓子も1個減りと最後には届く物がほとんどなくなってしまいました。

物が届くということは、自分のことを思ってくれて、「お世話になりましてありがとう」という気持ちが届くという意味です。

あたたかい心が物に姿を変えて、家に入ってきてくれているのです。

ですから、相手のことを思わなくなったときには、物の行き来も自然と減っていきます。物は愛のエネルギーそのものですし、どのような物でも人が作ってくれて、だれかが目の前まで運んでくれたのです。

物の管理には時間も手数もかかりますし、日本の住宅事情から考えても物が増えることはプレッシャーに感じます。

しかし、贈り物が届くことは、**あなたの家が「富の分配所」になっている証**です。おめでとうございますと祝杯を捧げます。幸せな家の見本なのです。

ですから、届く物をあまり警戒せず、怖がらずに「ウェルカム！」と受け止めてみましょう。

もしもいらない物があったら、お福分けという言葉があるように、ほしいという方に分けてあげてください。

何も届かなくなったら、その家の家運は衰退していきます。あなたの家には、エネルギーを配る役目があるのです。そのお当番に選ばれたので、多くの豊かさが届いているのです。

物があふれる時代ですから、いただきものすべてが自分の好みに合うことはありません。しかし、入ってくるエネルギーというものは実に尊いのです。

すべての物に宿るエネルギーを、あなたの手のひらで愛のエネルギーに変える。

鉛筆1本、消しゴム1個、机、椅子、シーツから着るものまで、すべてが人間の創造力と知恵と手によってできています。それに関わってくれた人たちのたゆみない努力や工夫の結果です。

そう考えると、それを作ってくださった方のやさしい気持ち、個性や思いが物に残っているのは、当たり前だと思えてきませんでしょうか。

昔、1枚300円のTシャツに遭遇したとき、なぜかうれしいとは思いませんでした。

摘み取られたコットンも、現地のスタッフも、デザイナーも、商品企画者も、運送会社も、はたして仕事の担い手として「ありがとう」と喜ばれ大切に扱われてきたのだろうかと想像したとき、私の心は少しも喜びませんでした。

生活に困っているときには、安価な品物があるおかげで助かることもおおいにあります。

それでも安ければなんでもいいとか、急いでいるからどれでもいいといった「感じない買い物」をしないことは、誠実な生き方に通じると思います。

とはいえ、商品に「物語」の説明書がついているわけではありません。

あなた自身が「感じて買う」ことが大事なのです。

物を買うというときは、どんな物でも人間の感覚、視覚・嗅覚・触覚・場合によっては振動などの聴覚に訴えてくる「何か」を感じてください。

たとえ口に入れるものでなくても、舐めても安全だろうか、長時間この物が持つエネルギーにふれ、香りをかいでいても快適で楽しくすごせるのだろうかということを、自分で感知してみるのです。

親しみを感じて持ち帰った物に、もしも悲しい記憶が残っていたとしても、大丈夫です。

「来てくれてありがとう」

「かわいいね、いい色だね」
とさわって言葉をかけることで、そこに愛のエネルギーが宿るからです。

どんな物でも、どんな人にも、心をこめて接していたら、かならず愛のエネルギーが満ちます。

決して責めずに否定せずに。
できなかったこと、不足していることに着目せずに。
今日できたこと、存在そのものを認めて。

あなたの手のひらで、物と家と人と、そして自分自身を慈しむことが、愛のエネルギー家事なのです。

PLANT
GARDEN
MOVIES
BEAUTIFUL ASIA
PARIS HOLIDAY
WIND BLOWS
PICTURE OF DOGS
TIME
MY FAMILY & OTHER ANIMALS
APPLES
SWAN
HOW TO SWIM
DO WHAT YOU LOVE
SALT

おわりに

長く続いた東京の梅雨の雨あがり。

久しぶりに青空がのぞく新宿御苑で、最後の原稿を仕上げていると、後ろに座る親子連れのお母さんの、やさしい歌声が聞こえてきました。その甘い振動を心地よく味わいながら、風と緑と青空を見上げ、私たちは、いまこの瞬間、どれだけこのひと呼吸を感じ取れるのだろう、と思いをめぐらせました。子どものまんまるの頬だけは、この瞬間のすべてを、感じ取っているような気がしました。

晩ごはんの時間を気にかけて立ち上がったお母さんの膝へ、よちよち歩きの男の子は駆け寄り、愛の歌声は止みました。

いま、このひとときの「感覚」を大切に、本書『愛のエネルギー家事』を執筆しました。

感覚は、目に見えないものです。ですが、時に目で見るよりも明らかに感じられ、伝わるものです。

物にも、場所にも、目に見えない思いが残ります。手のひらでさわると、たしかに何かを感じることができます。これは私だけが持つ特別な力ではなく、だれもが感じうるものだと実感しています。

ですから、手を使って毎日おこなう家事こそ、愛する人や物たちに「なんとなくいい感じ」の魔法をかけられる秘密が、隠されていると思うのです。


私が目に見えない感覚を大切にするようになったのは、父が人生の半ばで視力を失ったことも影響しています。闇に向かう父に寄り添いながら、見えることと見えないことの意味を、心の中で繰り返し問い続けました。

また、父の介護を通して、暮らしをどのように楽観的な方向へ持っていくのかの答えを求めていたのでしょう。「できないものはできない」という開き直りのなか、「家事ができなかったことで大切にされた何か」に、気づくことができたような気がします。


いかに時代が変わろうと、家事は消え去ることはありません。

消え去らないものには、存在の意味があるはずです。

家事という仕事が、たとえ機械の助けを借りたとしてもゼロにはならずここに在り続けるとしたら、生まれてくるときに約束したことなのかもしれません。大げさですが、毎日の家事は神様との約束であり、命の連なりの一環であると思うのです。

どうか、できなかったことに悲しまず、失ってしまったことに絶望せず、この瞬間、精一杯自分の両手を使って自分らしい愛を、家事を通して届けてください。自分の手から伝わる愛に誇りを持ってください。

そして家事から、支配や過干渉といった、人を小さくするエネルギーを解き放ち、自由で大きな創造性を伝えてください。

ひとり住まいの家にも、ふたり住まいの家にも、家族の多い家にも、動物と暮らす家にも、世界中すべての家に、やさしい愛のエネルギーが満ちることを願っています。

家事を担うすべての人に「あなたのがんばり最高！」と、賛辞とエールを送ります。

この本を手に取ってくださり、本当にありがとうございました。

謝辞

平成元年に娘を産んだ私は、このたび令和元年に1冊の本を産む機会を授かりました。本書の出版は多くの方のお力によるものです。この場を借りてお礼申し上げます。

すみれ書房の樋口社長、「大切な原稿をお預けくださりありがとうございます」と言ってくださった冬の日から今日までのお力添え、感謝申し上げます。

編集者の飛田淳子さん。思い出しても泣きそうになるぐらいご尽力くださったお仕事ぶりには、ちょうどよいお礼の言葉など見つかりません。いただいた愛情は、私の来生での宿題になったかもしれません。

ご縁を繋いでくれた沖縄の編集者の中村亜紀子さん。この本が生まれたのは、会社員時代に執筆していた私に、寄り添って励ましてくれた中村さんの愛情があってこそです。

イラストレーターの本田亮さん。伝えたいエッセンスを見事に表現してくださった素晴らしい絵の数々には、胸をぎゅっと掴まれました。

アルビレオの草苅睦子さん、小川徳子さん。装丁案を見たときに「タイトルに御魂《みたま》が入った」と感動しました。本文の細部まで心が行き届いたデザインをしてくださいました。

そして、家族へ。懲りずに、忍耐強く、静かに見守る献身に、すみません、ありがとう、これからもよろしく、と、この場を借りて愛と感謝を捧げます。

これまで出会った友人たち、お客様、仲間、上司に部下に同僚に。いまもずっと応援してくれることに、心からの愛を感じます。受けたご恩をどこまで返せるかわかりませんが、少しずつ歩いていきます。本当にありがとうございました。

加茂谷真紀

加茂谷真紀 **Maki Kamoya**

80年続く寝具店に生まれ育ち、某企業にて多忙な職務につきながら、家事・子育てを両立してきた。40歳を過ぎたころから、右手で人や物の持つエネルギーを感じ取るようになる。都内ベジタリアンカフェからスカウトされ、2013年から2020年まで無料鑑定を続け、予約がすぐに埋まる人気セッションとして好評を博した。

東京生まれ東京育ち。中学・高校を通して女子校のテニス部部長。バレンタインデーには下駄箱いっぱいにチョコレートが入っていた(!)家族は山男の夫と、欧州在住の娘。著書に『愛のエネルギー家事 すてきメモ303選』(すみれ書房)がある。

愛のエネルギー家事

2019年9月2日　第1版第1刷発行
2024年3月3日　第1版第14刷発行

著者　加茂谷真紀
発行者　樋口裕二
発行所　すみれ書房株式会社
〒151-0071　東京都渋谷区本町6-9-15
https://sumire-shobo.com/
〔お問い合わせ〕info@sumire-shobo.com

印刷・製本　中央精版印刷株式会社

ISBN978-4-909957-01-6 Printed in Japan
NDC590 199p 19cm

本書の紙　本文———オペラクリアマックス
カバー ——ヴァンヌーボVGスノーホワイト
帯————エアラススーパーホワイト
表紙———ブンペルダンボ
別帳扉——TS-9 N-9
見返し ——NTラシャ濃赤